渋沢栄一 論語の読み方

東大名誉教授
竹内 均 編・解説

三笠書房

渋沢栄一「論語」の読み方　目次

1

【学而《がくじ》篇】人生いちばんの楽しみをどこに求めるか

2

【為政篇《いせいへん》】

心に〝北極星〟を抱く人の生き方

3

【八佾篇《はちいつ》】自分の資質にさらに磨きをかける

4

【里《り》仁《じん》篇】この心意気、この覚悟が人生の道を開く

5

〝一時の恥〟にこだわって自分を小さくするな

【公冶長《こうやちょう》篇】

6

【雍也《ようや》篇】成功のカギ「先憂後楽」の生き方

7

【述而篇《じゅつじ》】これぞ沈勇、大勇の人

8

【泰伯《たいはく》篇】孔子の恐ろしいまでの〝現実主義〟

9

男子一生の〝本懐〟をどこに求めるか

【子罕《しかん》・先進《せんしん》篇】

10 ともに生きるに足る友、切り捨てる友

【顔淵《がんえん》・子路《しろ》篇】

11

【憲問篇《けんもん》】自分への〝厳しさ〟に自信がもてるか

12

孔子流の最高の〝自己実現〟法

【衛霊公《えいれいこう》・季氏《きし》・陽貨《ようか》・子張《しちょう》篇】

1

【学而篇《がくじ》】

人生いちばんの楽しみをどこに求めるか

1 日々勉強してよい友をもつ、これが人生〝最上の楽しみ〟

子曰《しいわ》く、学びて時にこれを習う。また説《よろこ》ばしからずや。朋《とも》遠方より来たるあり。また楽しからずや。人知らずして慍《いきどお》らず。また君子《くんし》ならずや。［学而］

この項は人の処世上最も大切な教訓であるので、これを『論語』の冒頭に掲げている。三分節に分かれ、互いに関係がないように見えるが、密接に関連している。

「学びて時にこれを習う。また説ばしからずや」とは、学問をして、それを日常生活の中でいつも自分のものとして復習練習すれば、その学んだものはすべて自分の知識となり、物我一体の境地に達する。これが知行合一《ちこうごういつ》である。よろこばしいことだ。

「朋遠方より来たるあり」とは同学同志の友が、近くの者だけでなく、遠い地方の人までも、自分を訪ねて来て、ともに切磋琢磨《せっさたくま》すればますます進歩する。また自分が学び得たものを友に伝え、その友はさらにこれを他に伝え、転々として善を多数の人に及ぼすことができれば、これまた楽しいことではないか。

自分の学問が成就し、立派になったのに世間が認めてくれないこともあるが、人をうらまず、天をとがめず、ひたすらにその道を楽しむのは、徳の完成した君子にしてはじめてできることである。これが「人知らずして慍《いきどお》らず、また君子ならずや」の意味である。

私が文字どおり体の中へ叩き込んで実践した「最高智」

私は今日まで『論語』のこの教訓を肝に銘じてきた。自分の尽くすべきことを尽くしさえすれば、たとえそのことが人に知られず、世間に受け入れられようが入れられまいが、いっこうに気にせず、けっして、慍《いきどお》るとか立腹するとかいうことはせずにきたつもりである。いまの若い人ははたしてどんな感想を抱くだろうか。

『論語』の教訓は簡単にこれを紙上で論評したり、またはこれを尊い教訓だとしながらも生かさずに放っておいて、敬遠主義をとり、得手勝手をいう人が多いように思われる。これは私が大いに残念に思っているところである。

孔子の教訓は、二千四百年前でも二千四百年後の今日でもかかわらず実行できる、わかりやすい教えである。墨子《ぼくし》の〈兼愛説《けんあいせつ》〉、楊子《ようし》の〈自愛説《じあいせつ》〉や老子《ろうし》・荘子《そうし》の〈無為説《むいせつ》〉などは、いかにもおもしろく感じられ、たしかに真理を含んでいるに違いないが、さてこれを実行しようとすれば、どこかに差し支えを生じて行き詰まるが、孔子の教えは一方にかたよらず万人が納得して実行できるものである。

「子曰く」の子は、男子の尊称で先生のこと。ここでは孔子のことを指す。また「子曰く」の読みは通常、聖賢の発言の場合、「子のたまわく」と読むが、著者の原文どおり「子いわく」で統一する。以下もみな同じ。

2 人を選ぶとき、家族を大切にしている人は間違いない

有子《ゆうし》曰《いわ》く、その人と為《な》りや孝弟《こうてい》にして、上《かみ》を犯《おか》すことを好む者は鮮《すくな》し。上《かみ》を犯すことを好まずして、乱を作《な》すことを好む者は、未《いま》だこれあらざるなり。君子は本《もと》を務《つと》む。本《もと》立って道生《しょう》ず。孝弟なる者は、それ仁《じん》をなすの本《もと》か。［学而］

有子は孔門十哲の一人ではないが、曾子《そうし》とならぶ賢人で、『論語』の編纂は有子と曾子と門人たちがやったので、特に「子」の敬称をつけている。有子の言説にははなはだ尊重すべきものがある。

そもそも人間にはどれほど知恵があっても、その知恵に親切なところがないと、その知恵は悪知悪覚となり、悪いことをして人を害し、身をそこなってしまう。

そこで私は人を使うときには、知恵の多い人より人情に厚い人を選んで採用している。孝弟(父母や目上の人によく仕えること)の道をわきまえ、親兄弟を大切にする心のある人を好んで採用する。そういう人はまず安心して使うことができる。人情の厚い人、孝弟の道をわきまえた人物を集めて公務員とし会社員とすれば、けっして不始末を生じ破綻を起こす心配はない。

本項は前後二節に分けてみるとよい。一節は首句より「未だこれあらざるなり」までで事実を述べ、二節は「君子は」より以下でその事実に対する主旨を論じたものである。

第一節の事実は右に述べたとおりで、第二節の論旨は、すべて君子が事をなすには形にとらわれず「根本」を把握すべしということ。根本さえしっかり立てば、枝葉はおのずから繁茂するように、目上に仕え他人に交わる方法はおのずから生まれてくるものである。

3　口を飾るな、宝は自分の胸の中に積め

子《し》曰《いわ》く、巧言令色《こうげんれいしょく》には鮮《すくな》し仁《じん》。〔学而〕

人に接するのに言語弁舌を巧みに使い飾り、あるいは顔色物腰をきれいにして、人によろこばれようと努め、外面の体裁にだけこだわるような人は、悪意はないにしても、この種の人には不仁者《ふじんしゃ》が多いものだと断言して門人たちを戒めたものである。

この仁の一字は孔子の生命で、また『論語』二十篇の血液である。もし孔子の教訓から仁を取り去ったならば、あたかも辛味のぬけた胡椒《こしょう》と同じであろう。孔子はこの仁のために生命を捧げたほど大切なことで、孔子の一生は仁を求めて始まり、仁を行なって終わったといっても差し支えない。孔子の精神骨髄は仁の一字にあり、このゆえに孔子は仁をもって倫理の基本とすると同時に、他の一面においては政治の根本としたのである。王政王道もつまり仁から出発したものである。

実業界もまた仁をもって大もととしなければならない。仁を大もととすれば、工業に粗製濫造はなく、商業に詐欺違約は起こらず、商工業の道徳は高まる。愛・恕《じょ》・信・毅《き》という徳目も結局仁の変形とみてよい。要するに本項は外面を飾る人は仁者が少ないこと、そして、「剛毅《ごうき》木訥《ぼくとつ》仁に近し」の正反対であることを説いている。

世の青年を見ると、多くはこの剛毅の気象にとぼしく軟弱軽薄の傾向があり、外面はとても立派だけど内面の心理状態は空洞のように見受けられる。これでは日本の隆興は望めない。元来日本人は世界無比の大和魂をそなえている国民である。青年諸君よ、ますます励んで剛毅の気象を養い、進取の意気を培え。巧言令色でいささかの誠意もないような者は、真の文明国民とはいえない。

維新の三傑の随一といわれた西郷隆盛は、実に仁愛の深い同情心に富んだ人であった。その一例は、かの山岡鉄舟が江戸城からの使者となり、駿府《すんぷ》の征東総督府を訪問して参謀西郷隆盛に面会したとき、西郷の徳川慶喜を備前藩にお預けにしようという提議に対し、山岡が不承知を唱えると、即座にその要求をいれて備前預けは取りやめとなった。

西郷は剛毅なる大丈夫で平生いたって寡黙だったが、実に君子の趣きがあった。薩南の健児三千人に担がれて明治十年に賊将となったのも、つまり仁愛に過ぎたためと見ることができる。

4　日頃の頭のトレーニングにもなる〝三省〟のすすめ

曾子《そうし》曰《いわ》く、吾《われ》、日に三たび吾《わ》が身を省《かえり》みる。人のために謀《はか》りて忠ならざるか、朋友《ほうゆう》と交《まじ》わりて信ならざるか、伝《つた》わりて習わざるか。

［学而］

曾子が、自分の修業上の工夫として、

「私は私自身の行動を、毎日何回も怠らず振り返って観察している。それは、人のために物事を考えて自分の努力に不足な点はなかったか、友人と交際して自分の言行に不誠実な点はなかったか、また先生から学んだことを放っておき復習しなかったことはなかったか、というようにである。

このように日頃から観察反省して、忠実でなかったこと、あるいは信頼に応えなかったこと、またあるいは復習しなかったことがあったことと、必ず反省し矯正に努めた」

と言っている。セルフコントロールの工夫はまさにいたれり尽くせりといえる。

私は曾子のこの言葉が最もわが意を得たりと思い、一日に何回もといえないが、夜間床についたとき、その日にやったことや人に応接した言葉を回想し、人のために忠実に行動できたか、友人には信義を尽くしたか、また孔子の教訓にはずれた点はなかったかを、反省考察している。もし夜間にこれをしなかったときは、翌朝に前日の行動を省察することにしている。

人のために忠実にはかり、友人に信義を尽くし、孔子の仁道を行なうならば、人からうらまれることなく、農工商の実業家は必ずその家業は繁盛するはずである。政治家は必ず国民に尊敬される。私を訪ねてくる人には、誰彼の別なく面接して、包み隠さず愚見を述べているのは、この曾子の言葉を少しでも自分自身で行なってみたいからである。

この言葉どおり実行すれば、今後その過ちを再びしないように注意するし、行ないを慎しむうえに効果があるのはもちろんであるが、それと同時にその日その日のことが、一つひとつ記憶のうえに展開されてくるために、これを順序よく頭の中に並べて、一目で点検することができ、深い印象が頭に刻まれて自然に忘れられないようになり、記憶力を増強する効能もある。

5　とにかく若いうちは走りながら考えよ

子曰《いわ》く、弟子《ていし》入《い》る則《すなわ》ち孝《こう》し、出《い》づる則ち弟《てい》し、謹《つつ》しみて信じ、汎《ひろ》く衆を愛して仁《じん》に親しむ。行《おこの》うて余力《よりょく》ある、則ち以《もっ》て文《ふみ》を学ぶ。［学而］

孔子の教育主義はすべて空理空論に流れず、実践を重んじると同時に、その実行の動機となる精神にも、重きをおいている。実行を先にして、次にはこれらをいろどる学芸も、余暇があれば学べと言っている。

すべて人の子たる者は、入りて内にあるときは父母や年長者に孝を尽くし、出でて外にあるときは親戚先輩には敬意を失わず、大衆にも親切を尽くし、自分だけの利益をはかって人を困らせることなく、仁徳をそなえた君子人に近づいて、徳性を養うようにする。こうして人の道を実際に学び取るのが実学であり、実学が自分の身にそなわっても、学問を修めなければ聖賢の教訓に暗く、物事の道理を識《し》らず、自然に我流に陥りやすい。だから余力があれば学芸に励むようにしたいものだ。

私は青年時代から実学を旨として架空の大言壮語を嫌ってきた。明治六年、実業界に身を投じて以来、今日までこの方針を守っている。経済と道徳は両立できて矛盾するものではないと信じているが、いまの人たちはこれを実地に行なおうとする信念と勇気がとぼしく、まことに嘆かわしいことである。

自分が実行しないからといって漫然と孔子の教えを排斥して受けつけないのは、いわゆる食わず嫌いである。

6 〝学問バカ〟ではうまいメシは食えない

子夏曰《しかいわ》く、賢《けん》を賢として色に易《か》え、父母に事《つか》えて能《よ》くその力を竭《つく》し、君に事《つか》えて能《よ》くその身を致《いた》し、朋友《ほうゆう》と交わり、言いて信あらば、未《いま》だ学ばずと曰《い》うと雖《いえど》も、吾《われ》は必ずこれを学びたりと謂《い》わん。〔学而〕

学問というものは人道のほかにには存在しないというのが孔子の教えであり、実行できる実際学以外に学問はないと断言している。

宋代になると、世間離れした学者たちが四書五経（『論語』『孟子』『大学』『中庸』と『易経』『書経』『詩経』『礼記《らいき》』『春秋』）の先人の説をそのまま受け継いで、『論語』を一種の文学宗教のようにしてしまい、学問と実際との間隔がしだいに広がり、ついに高遠なる空理空論を説くようになった。そしてわが国でもその弊害をうけ、学問は知識人たちの学ぶものとなし、農工商の実業人はこれを敬遠し、学問は学問、実業は実業と二つに分離し、聖人の実学の精神を誤解してしまった。

孔子時代には「必ずしも書物を読むことだけが学問ではない」というように、学問と実生活とは少しも区別がない、日常実行することを書いたのが『論語』である。これでこそ『論語』が日常の教訓として価値があるわけだ。これを『聖書』のように取り扱い、考証的に研究するのはいきすぎだと思う。この項の子夏の説もこの意味を述べている。

ある人の日常行為を見ると、賢徳の師を尊敬するのにまるで女色を好むように、父母に仕えては自分の力のある限りを尽くして孝行し、君主に仕えてはよくその身を君主に捧げて忠義を尽くし、友人と交際するには誠実を旨とし、自ら口に出したことは必ず実行した。

この人は自ら謙遜して私はまだ学問したことがないというが、私は断じてこの人はすでに学問が完成した人だといいたい。なぜならば、以上の行ないができるのは、つまり人道の大もとをつかんでいるからだ。これができる人は役人でも商人でも農工業者でも、立派な学者以上の人といえる。実学の真面目《しんめんぼく》はこの点にある。

私が約束された将来を見切り〝清水の舞台から飛び降りた〟本当の理由

私が明治六年五月に役人をやめてから、もっぱら経済道徳一致説をとなえ、人間生活上の経済観と、人道修飾上の道徳観の両立を強調したのはここである。その根源は実践的な学問で、実行さえすればそのほかに何の必要もない。架空の理論は不要だ。

私が役人をやめる決心をしたときに、上司だった井上馨侯は、

「時機さえ来れば、野に下って思うままやるもよかろう」

といったが、親友であった玉乃《たまの》世履《せいり》（大審院長）は、

「君は現に官界でもかなりの地位におる。将来きわめて有望なのにいま辞職するのは惜しい。商人になるのは金儲けのためかは知らぬが、世間からは軽蔑をうけて一生役人にあごで使われるだろう。ほかに方法もあるではないか」

と忠告された。私は断乎として答えた。

「金儲けのために役人をやめるのではない。実業家が現在のように卑屈で世間の尊敬を受けないのは、一つは封建の残った弊害であろうが、一つは商人のやり方がよろしくないからである。

欧米ではけっしてこうではない。不肖ながらこの悪習を改めるために骨を折りたい。宋の趙普《ちょうふ》（『論語』に造詣の深い学者）は『論語』の半部で天子を輔《たす》け、半部で身を修めたといっているが、私は『論語』の半部で身を修め、半部で実業界を矯正したい。先を見ていてくれ」

それ以来、一身の行動でも事業を経営するにも、必ず『論語』の教えに従って決断を下した。

近代の英傑木戸孝允《たかよし》、伊藤博文はよく言いよく行なう人で、西郷隆盛、山県有朋は不言実行の人、後藤象二郎や大隈重信は、よく言うが、言ったことをすべて行なうという人ではなかった。黒田清隆や江藤新平にいたっては、一度言い出したことは無理でも通し抜く人であった。

実業家では岩崎弥太郎、古河市兵衛は強硬な実業家であった。すべて何事にも論より実行だ。実行のともなわない論は、どれほど筋道の立った論でも役立たない。

7　苦言の受け取り方・生かし方で人の器は決まる

子《し》曰《いわ》く、君主重《おも》からざれば則《すなわ》ち威《い》あらず。学も則ち固《かた》からず。忠信を主とし、己《おのれ》に如《し》かざる者を友とすることなかれ。過《あやま》ちては則ち改むるに憚《はばか》ること勿《なか》れ。［学而］

君主たるものは沈着に落ち着いて重厚でなければ、威厳がなくて人民を畏敬させることができない。そして学んだ学問も堅持することもできず、物事に臨んで迷いを生じる。ゆえに君主たる者は心を重厚に、常に人に対して忠実信頼を旨として接すれば、必ず融通無碍《ゆうずうむげ》（すべてに行きわたって渋滞しないこと）に、何事も思いどおりにできる。

友は互いに切磋《せっさ》琢磨《たくま》して学徳を成就するものであるから、なるべく自分より賢い者を選ぶのがよい。しかし自分より賢くない友は絶対に拒絶せよというのではない。自分より劣る友は、反面教師にすることもできる。そしてこういう友をも愛するのは君子の美徳というものだ。

また過失のない人間はいないが、聖賢の人は過失に気がつけば直ちに改めて善に変えられるが、常人はこれに反して過失と知りつつそれを改めず、ついに悪を犯すにいたる。過失のあるときは自ら勇気をふるって、ためらわずにこれを改めなければならない。

井伊大老が自分の主義主張にもとづき、幕政に反対の志士梅田源二郎（雲浜《うんぴん》）、頼三樹三郎《らいみきさぶろう》などを極刑に処したり、近くは星亨《ほしとおる》が東京市会議長の職にいて、市政を独占して世の非難をあびてもあえて意に介さないなど、みな我意を押し通したものである。その末路のみじめさは自ら招いたものである。

これに反して明治維新の功労者三条実美《さねとみ》や木戸孝允などは自説を固執せず、よく人の意見を聞いた。実業家では森村市左衛門がよい手本であった。最初は仏教信者になり、晩年キリスト教に帰依したが、とにかく善を行なう意思の強かった人である。

8　この「三つの節度」が守れる人に死角なし

有子《ゆうし》曰《いわ》く、信義《しんぎ》に近づけば、言《こと》復《ふ》むべきなり。恭礼《きょうれい》に近づけば、恥《ち》辱《じょく》に遠ざかるなり。因《いん》もその親《しん》を失わざれば、また宗《そう》とすべきなり。

［学而］

有子は言う。

「他人と約束したことがすべて道理にかなっていれば履行できるが、もし道理にはずれた約束ならば、実行不可能である。人を敬ってすべて節度ある礼儀にかなっていれば最上で、恥辱を受けることはない。しかし、度を過ごしてぺこぺこすれば、かえって相手からあなどられたりする。

姻戚《いんせき》に対してもこれを節度をもって交際すれば近親でなくても、近親同様に信頼し合えるものだ。もし姻戚に対して親しみ方を間違えてしまえば、相手からあなどられ、さまざまな困難を生じる」

人と約束する場合、それがやってよいことか、はたして実行可能なことかを熟考することである。もしやって悪いこと、不可能なことならば、けっしてこれを実行することはできない。嘘つきになってしまう。無理にこれを実行すれば人道に背き法律を犯すことにもなろう。人は敬っても度をすごさないことが大切なのである。そうしないと、かえって人から軽蔑されてしまう。

姻戚に対してもつきあい方を間違えれば、必ず失敗する。

典型的な例は、源頼朝が実弟の範頼《のりより》や義経を殺して、もっぱら姻戚北条氏に親しんだのがこれで、北条氏の軽侮を招き、ついに子孫は全滅してしまい天下も奪われた。

豊臣秀吉の場合も、信長について江州小谷《ごうしゅうおだに》の城主浅井氏を滅ぼし、のちにその娘を愛妾とした。これが淀君《よどぎみ》である。淀君が秀頼を生むに及んで、関白にまで任官した秀次を退けて高野山で自殺させた。これはまさに礼に節度のなかった結果であり、ついにその天下を失ってしまったのである。

9 いつどんな場合でも〝水平〟に人に接する

子貢《しこう》曰《いわ》く、貧《ひん》にして諂《へつら》うなく、富《と》みて驕《おご》ることなきは、如何《いかん》と。子《し》曰《いわ》く、可《か》なり。未《いま》だ貧にして楽しみ、富みて礼を好む者には若《し》かざるなりと。子貢《しこう》曰く、詩《し》に云《い》う、切るがごとく磋《と》ぐがごとく琢《う》つがごとく磨《みが》くがごとしと。それこれをこれ謂《い》うかと。子曰く、賜《し》や、始めて与《とも》に詩を言うべき已矣《のみ》。諸《これ》に往《おう》を告げて来《らい》を知るものなりと。

［学而］

この項は子貢の質問により賢者の行ないを語り、学問道理の奥深さを説いている。これを三節に分けると、第一節は貧富に関する問答。第二節は子貢が詩を引用して学問のきわまりなさを感歎する。第三節は孔子が子貢の正しい理解をほめて激励している。

子貢が質問する。

「通常の人は貧しいときは、自然に卑屈となって人にへつらい、富裕なときは、わがままになって人を眼下に見て驕慢《きょうまん》になる。ところで貧しくても人にへつらわず、富んでも驕ることがないのは如何《いかん》」

子貢は貧富に動かされない資質があり、しかも自ら富裕であるけれども驕らないことに注意していて、少なからず得意な面があったので、孔子に対してこう質問したのである。

このへつらうことなく驕ることもないのは、常人を超越して立派なことなのだが、これはただ卑屈驕慢の欠点がないというにすぎず、まだよく貧富に対応する道を会得したとはいえない。

だから孔子は「よいだろう」と、子貢の姿勢の堅固なのはよろしいと許し、さらにその上の最善の法を示して、

「貧しいときにも道を楽しみ、心広く体すこやかなることを得、富裕なときにも礼を好んで、心善に安んじ義に従うというレベルにはもう一歩だ」

と言った。このように道と礼とを好んで楽しみ、天分に安んずるときは、富貴に対しても貧賤に対しても、自得しないものはない。これを子貢が行なっている法に比べれば、さらに一段上の方法である。孔子はこれを示して、子貢の未熟さを指摘したのである。

もう一歩の〝念押し〟のあとにこそ人生の極致がある

子貢はへつらうこともなく驕ることもないのをもって、貧富に対する十分の工夫と思っていたのに、孔子の教示を聞いて、学問のきわまりなく、ますます考究しなければならないことを悟り、詩の『衛風淇澳《えいふうきいく》』の篇を引用して感想を述べた。

「骨や角を細工する職人がすでに切って形を整えた品に、さらに鑢《やすり》をかけてこれを磋《と》ぎ、玉や石を細工する職人がすでに琢《う》って形を仕上げた品に、さらに砂石にてこれを磨くという詩があるが、すなわちこれがこのことを言ったものか」

子貢は孔子の教えから、貧富に対する道のほか、学問をするうえでの工夫について深く悟る

ところがあって、この感嘆の語を吐いたのである。

孔子はそれを聞いて子貢の敏慧《びんけい》なことをほめて言った。

「賜《し》（子貢）よ、おまえははじめてともに詩経の話をするに足るものであることがわかった。おまえの聡明善悟は、たとえていえば、往くことを教えれば、その裏の来ることを理解するものだ」

とたいへんほめて、さらにいっそう研究しなさいと励ました。

「往と来」について亀井南溟《なんめい》は、「往は、已往《きおう》（過去）なり。来は、将来なり」と説明しているが、私もこの説に従いたい。

10 無理に背伸びして〝判断の目〟を曇らせるな

子曰《しいわ》く、人の己《おのれ》を知らざるを患《うれ》えず、人を知らざるを患《うれ》う。〔学而〕

学問をするのは、自分の修養のためであって、人に知られるための虚栄心からやっているのではない。自分の学問が進んで人格がそなわってきたことを人が知ってくれなくても、心配することはない。自分が他人から認められないといってクヨクヨ思いわずらうより、他人の真価を見抜けない自分の低い能力を思いわずらう人になりたいものだ。

「他人が自分の能力を認識してくれないのを心配するな、というような考え方は、孔子時代の消極的処世法だ。現代では、こんなことではとても社会に立って成功はできない。

寄らば大樹の陰という諺もある。政治家は勢力ある人に、役人は上司に、会社員は重役に取り入らなければ出世できない。職務大事に四十年勤続して永年勤続で表彰されたところで、うまく立ち回って成功した者の足もとにも及ばない。

だから少しあつかましく立ち回り、唐の韓退之《かんたいし》（韓愈《かんゆ》＝文人。唐宋八大家のひとり）や宋の蘇老泉《そろうせん》（蘇洵《そじゅん》）が『自分のような人物を採用しないのは君主の落ち度である』と自ら建白《けんぱく》したように、積極的に自分を認識させなければならない」

という意見もあろう。

だが、自分の実力以上に自分を認識させようとする風潮は、みっともないことである。金《きん》は地中にあっても金であり、錦の袋に包んでも鉛は鉛である。あえて自己宣伝をしなくても、言動を誠実に行なえば、自然に世間が信用するようになる。

知らないことを知ったふりせず、言うことに間違いがなく、行なうことに誤りがなく、言行一致の人であったならば信用しない者はないはずだ。信用の厚い人であったならば、自分で売り込まなくても必ず誰かが拾い上げてくれる。なにも上司にこびなくても、重役におもねらなくても、重く用いられるはずである。

私の経験では、信用を得ることに努め、自分の欲しないことは他人にしないようにし、つねに向上心を忘れず、変な気を起さず、自己省察を怠らず、みだりに自己宣伝をせず、そうして終日努力を惜しまぬようにすることだ。

2

【為政篇《いせいへん》】

心に〝北極星〟を抱く人の生き方

1 渋沢流「天命」の受け止め方と実践法

子《し》曰《いわ》く、吾《われ》十有《ゆう》五にして学に志《こころざ》す。三十にして立つ。四十にして惑《まど》わず。五十にして天命を知る。六十にして耳順《みみしたが》う。七十にして心の欲《ほっ》する所に従うて、矩《のり》を踰《こ》えず。［為政］

この項は孔子自身の学問修業の順序を述べていて、自叙伝のようなものである。十五歳で学問をする志を立て、三十歳では精神的にも経済的にも独立する。四十歳で人生問題で惑《まど》いがなくなり、五十歳で天から与えられた使命の何たるかを知る。六十歳では経験豊かな耳には、何を聞いても驚かなくなっている。七十歳ともなると、修養が完成しているので、自分の心のままに行動しても、けっして道を踏みはずすことはなくなったという。

孔子はいまの言葉でいえばなかなかの活動家で、寸時も休まず努力し修養したから、ほとんど十年ごとに思想の状態が変化し、七十歳になった頃には、心のままに行動しても、それがちゃんと人の道に合致していたと思われる。これは善人だからである。

私のような修業の足りない者はそうはいかず、すでに八十四歳になった今日でも、もし心の欲するままに行なうときは、たいてい乱行となるであろう。

私に克己心がなかったならば、反対論者と刺し違えて死んだかもしれない。克己心は実に偉大なる力である。

孔子が四十にして達した不惑《ふわく》の境地は、私も七十歳頃からどうやら手に入ったように思う。六十四、五歳頃までは他人から種々の説を聞くと、なるほどそれもそうだと惑ったものであるが、七十前後からは惑いを起こさないようになった。

私の人生の節目節目をつらぬく一つの「天命」観

「天命を知る」は、私のような不徳の者は、何歳のときから天の命ずるところを知ったなどと高言はできないが、一身の出処進退については、明治元年から変わらぬ精神をもっている。

元治元年の二月に決心して一橋慶喜公の家臣となったが、慶応三年十月十四日慶喜公が大政奉還して世捨人《よすてびと》になられたので、私もまた主従の義を守り新政府に仕官すまいと思い定めたのが、明治元年十一月三日、フランスから帰朝した二十七歳のときである（私は公の弟徳川民部《みんぶ》大輔《たいふ》昭武《あきたけ》が、フランスで開かれる一八六七年の博覧会に、わが国の大使として行くのに随行し、慶応三年一月十一日横浜からフランスの郵船アルヘー号で渡欧していた）。

それから慶喜公に従って昔の駿府《すんぷ》（今の静岡）に移住して、勘定《かんじょう》組頭《くみがしら》に任ぜられ、二年の春、静岡に商法会所という組織を興し、合本《ごうほん》組織の商業をやっていたところ、十一月二十一日に太政官から急に召状が来た。

私はその召状に応じないつもりであったが、慶喜公や当時静岡藩を預っていた大久保一翁（後東京府知事）などに、それに背いたら徳川家のためにならないと説かれて一時明治政府に仕えた。そして大蔵省で理財局を担当したが、明治六年五月七日退官して、初志どおり民間の事業に従事して、二度と役人となり政治に口出ししない決心をした。

その後貴族院議員に勅任されたが、しばらくしてこれも辞めた。大蔵大臣になれとすすめられたり、東京市長になれと頼まれたが、みなこれを拒絶して初志を貫いた。

もしこれを「天命を知った」といえるものならば、これがそうかもしれない。

2 私が父に学んだ〟許しの哲学〟

孟武伯《もうぶはく》、孝《こう》を問《と》う。子曰《しいわ》く、父母は、ただその疾《やまい》をこれ憂《うれ》う。［為政］

孟武伯が孝行のありようを孔子に質問した。孔子はこれに答えて言った。

「人の子たる者はつねに父母の身に心を配り、風雨寒暑に気をつけ保護してあげれば、病気になることなく孝道を全うすることができる。衣食住に気をつけるだけでなく、子が悪いことをして両親に心配させたりしないようにすることである」

私などは孝道を全うしたとは言わないが、その心がけだけは常に怠らずにいた。

私の母は非常に人情の深い慈愛に富んだ人であった。いまでもこれを思うと涙が流れるほどありがたく感じられる。

父は市郎と称し晩香《ばんこう》と号した。同村の渋沢宗助という家から、私の家へ聟養子にきたのであるが、いまにして思えば実に非凡な人であった。きわめて方正厳直、曲がったことが大嫌いで、どんな小さなことでも四角四面に処理した。非常な勤勉家で、相応な財産を築いただけあって、働く意欲ははなはだ深かった。だけど物欲はいたって淡泊で、義のためならばせっかく丹精してつくりあげた財産でも何でも、これを投げうって惜しまなかった。

すこぶる気概に富んだ人で他人に対しても厳格であったが、小言《こごと》をいいながらよく人の世話をした。もし私にこの性質が少しでもあるとすれば、それはまったく父の長所を受け継ぎ、その感化による賜物であるといわなければならない。

父は読書家というほどではなかったが、四書五経は十分に読め、俳諧などもたしなみ、常に相当の見識をそなえ、漫然と時流を追うということはなかった。私にも十四、五歳までは読書、習字、撃剣などの稽古をさせたが、時勢にかぶれて武士ふうにばかりなっても困るからと、家業の藍《あい》を作ったり売買したり、養蚕にも力を入れるよう常日頃申し聞かされたのである。

あの頑固一徹の父を動かした捨て身の覚悟

私も父の命に従い、十七歳から二十二歳までは毎年二度藍の買い入れに信州路へ出かけていた。世間がしだいに騒々しくなってきたので、私は家業にだけ励んでおれなくなり、国事に奔走したいと、それとなく父に話したが、父は「国事を論議するだけなら、農家も商人もこれをしてかまわぬが、実際の政治のことは、その位置にある武士にまかせておくがよい」と私の意見には反対であった。

しかし私はあくまで国事に奔走し、幕府を倒してしまわなければならないと決心し、なんとかして江戸に出ようと思ったのである（私は文久三年十一月八日渋沢喜作とともに江戸に出で、二十一日京都に着き、ここで過激思想を一変させられる事情が生じ、平岡円四郎に説かれて元治元年二月一橋慶喜公の家臣となった）。

そこで父に何も打ち明けずに郷里を出てはいけないと思い、それとなく訣別のつもりで、文久三年九月十三日の夜、月見の宴に託して、従兄の尾高藍香《おだからんこう》と渋沢喜作と私との三人が、父と同席して月を見ながら天下の形勢を語り、私の決心を打ち明けた。父は依然として同意せず、

「その位置にいない者が、どんなに奔走したとて、実が結ぶものでない」

とじゅんじゅんとして説いた。私はこれに対し、

「自分が微力をもってどれほど奔走してみても、目的を達し得られずに終わるかもしれないが、楠木正成のように戦死してもかまわぬから、やれるところまでやってみる気である」

と固い決意を述べると、父も、

「それほどまでの決心ならば、思うままやってみろ。わしは干渉しない」

と言って許してくれて、いよいよ出発のときには路銀《ろぎん》として大金百両をくれた。

明治四年十一月二十二日、父は六十三歳で亡くなった。葬儀を郷里の菩提寺で営み祖先の墓地に葬ったが、私はたびたび郷里まで行く暇がないので東京の谷中に父の招魂碑を建て、生きている人に仕えるように供養をして、子たる者の親に対する祭の礼を欠かぬようにしている。

3　鬼をもらい泣きさせた男の話

子游《しゆう》、孝を問う。子曰《しいわ》く、今の孝なる者は、能《よ》く養《やしな》うことを謂《い》う。犬馬《けんば》に至るまで、皆能《みなよ》く養うことあり。敬《けい》せざれば何を以《もっ》てか別《わか》た

んや。〔為政〕

孔子の門人子游が、師に孝道はどのようなものかと尋ねると、孔子は次のように答えた。

「今日世間の人は親孝行といえば、ただ父母に衣食の不自由をさせないようにすればよいとしているが、これはただよく養うというだけで、十分に孝行したとはいえない。なぜならば家で飼う犬や馬でも食物を与えてこれを愛護している。よく養うだけなら、父母と犬馬とは同一の待遇である。

父母に対して衣食を不自由させないだけではなく、そのうえに深く尊敬するのでなければ何をもって孝と養とを区別することができようか。敬愛兼ねてこそ、はじめて孝道にかなうというべきだ」

わが国には孝子が少なくない。伝記は数多くあるけれど、世にあまり知られていない一人の孝子をここで紹介しよう。

寛政のころ、九州の豊前国《ぶぜんのくに》宇佐《うさ》郡津房《つぶさ》村に神崎右京《かんざきうきょう》という人がいた。この人の家は代々若宮八幡の神職だったがたいへん貧乏で、その八十二歳の母は足が不自由なうえに、眼病にかかり目がよく見えなかった。そんなことからひがみがつよく邪推深く、扱いにくい人だったが、右京はこれを気にもかけず、何くれとなく誠実に仕え、喜ばせようと努めた。

ある日老母がこう嘆いた。

「わしは若いときから一度信濃の善光寺に参詣したいと思っていたが、足が悪くて歩行もままならず、このうえ眼も不自由だから、とても生きているうちにはお参りもできない」

「母上ご心配なさるな、必ず私がお供して参詣します」

と右京は答え、その子多宮《たみや》に、

「母が信州の善光寺に参詣したいというから、母を背負って行くつもりだ。なにぶん長旅となるからおまえも加勢してくれないか」

と頼み、多宮も快く承諾した。こうして寛政五年の春三月に豊前の国を出発した。ときに右京は五十三歳、多宮は二十二歳だった。

二人がはるばる老婆を背負い、路銀の用意も貧乏人だから十分でなく、道みち門《かど》乞いをして三百里の長路を野宿しながら五月に善光寺につき、参詣をとげて八月豊前に帰村した。そのことが領主の奥平侯に聞こえ米麦を賜って表彰されたという。孝心がここまで深い者でなければ、誰がこの難事を成しとげようか。この話を聞けば、鬼もきっともらい泣きすることだろう。

4　人を見るに間違いのない〝視・観・察〟三段階観察法

子《し》曰《いわ》く、その以《な》す所を視《み》、その由《よ》る所を観《み》、その安《やす》んずる所を察《さっ》すれば、人焉《いずく》んぞ廋《かく》さんや。人焉《いずく》んぞ廋《かく》さんや。〔為政〕

孔子の人物観察法は、視《し》・観《かん》・察《さつ》の三つをもって人を鑑別しなければならないというところに特徴がある。

まず第一に、その人の外面に現われた行為の善悪正邪を視《み》る。第二に、その人のその行為の動機は何であるかをとくと観《み》きわめ、第三に、さらに一歩を進めてその人の行為の落ち着くところはどこか、その人は何に満足して生きているかを察知すれば、必ずその人の真の性質が明らかになるもので、いかにその人が隠しても隠しきれるものでない。

外面に現われた行為が正しく見えても、その行為の動機が正しくなければ、その人はけっして正しい人物とはいえない。

また、外面に現われた行為も正しく、その動機も精神もまた正しいからといって、もしその安んじるところが飽食・暖衣・気楽に暮らすというのでは、その人はある誘惑によっては意外な悪をなすこともあろう。

その安んじるところが正しい人でなければ、本当に正しい人であるとは保証できない。この三段階の観察法を実行すれば、その人がいかに隠そうと、善人は善人、悪人は悪人と常に明白に判定できる。

私は門戸開放主義をとっているので、どんな人とも面会している。世の中には、人を見たら泥棒と思えという論法で、会う人見る人を、みな自分に損をかけに来た、あざむきに来たと思って接する心情の人もいるし、あるいは反対に、会う人見る人みな誠意あるものとして接し、自分もまた誠意を披瀝《ひれき》する人もいる。

何事でも他人から依頼されれば、たいていは依頼者には利益になるが、依頼された人は、多少の損失をこうむるものである。必ずしも金銭上の損失でなくても、あるいは時間の損をするとか、あるいは自分の利益にもならないことを心配し、面倒をみてやらなければならないということになるのである。

私は誠意を披瀝して客に接し、偏見をもたずに人と会見する。けっして人を疑わずに、誠をもってすべての人を待つのが私の主義である。病気とか支障でもないかぎりは、けっして面会を謝絶せず、来訪者にはどなたにでも必ずお目にかかることにして、門戸開放主義をとっている。

大隈重信侯も、やや私と同じやり方で、来るものは拒まず、誰とでも面談しているようにお見受けする。

私は来訪してくださる多数の方々について、いちいち人物を識別することにしている。人物の鑑別はなかなか難しいことではあるが、この孔子流の三段階人物観察法はまことに的を射ていると思う。

5 「古きよきもの」と「新しいもののよさ」の〝交通整理〟

子曰《しいわ》く、故《ふる》きを温《たず》ねて、而《しか》して新しきを知る。以《もっ》て師と為《な》るべしか。
〔為政〕

世の中ではとかく新しい学問を追えば、古い知識を忘れて着実さを欠き、反対に古いことだけに拘泥しておれば、新しい学問にうとくなって因循姑息《いんじゅんこそく》に流れ、石頭になってしまうのは昔からの悪習である。

現在はもっぱら欧米の新思想にだけ没頭して、東洋二千年の道徳学を忘れ去っている。青年諸君は深くこの点に留意し、新しい学問を学んでも古い知識も忘れず、故《ふる》きを温《たず》ねても進取の気性を失わず、古いもののよさを新発見してほしい。

祖先を崇拝することも、「温故知新《おんこちしん》」にほかならない。先祖の成し遂げた偉業を学び、これをさらに発展させたい。

先輩を尊敬することも、これまた「温故知新」で、これは、自分より先に社会で働き、自分よりも豊かな経験のある人々について学び、新たに進むための知識を獲得しなさいということにほかならない。

6 〝器の大きさの見えない人〟ほど恐ろしい

子《し》曰《いわ》く、君子《くんし》は器《き》ならず。〔為政〕

孔子は「君子といえる人は器物のようなものではない、器物を使う人である」と言った。つまり徳を修めた者は君子、技芸を修めた者は小人《しょうじん》という意味である。

人間である以上は、その技能に応じて使いさえすれば、誰でも何かの役に立つものである。箸《はし》は箸、筆は筆とそれぞれその器物に応じた用途があるのと同じように、人にはおのおのその得意の一技一能が必ずあるものである。ところが非凡達識の人になると、一技一能にすぐれた器物らしいところはなくなってしまい、万般にわたって底の知れないスケールがある。

維新の三傑について私が観察したところを述べてみよう。

大久保利通は私の嫌いな人で、私もひどく彼に嫌われたが、彼の日常を見るたびに、「器ならず」とは彼のような人をいうものであろうと、感嘆の情を禁じえなかったものである。たいていの人はいかに識見が卓抜であっても、その考え方はだいたい外から推測できるものである。ところが大久保は、正体がつかめず、何を胸底に隠しているのか、私のような不肖者ではとても測り知ることができない、まったく底の知れない人であった。だから彼に接すると何となく気味の悪いような心情を起こさないでもなかった。これが何となく嫌な人だと感じさせた一因だと思う。

「器ならざる」西郷と「器に近い」勝海舟

西郷隆盛は、これまたなかなか達識の偉人で、「器ならざる」人に間違いない。同じ「器ならず」でも、大久保とはよほど異なった点があった。ひとことにしていえば、たいへん親切な同情心の深い、一見して懐かしく思われる人であった。いつもいたって寡黙で、めったに談話をされなかった。外から見たところでは、はたして偉い人であるのか、鈍い人であるのか、ちょっとわからなかったぐらいである。賢愚を超越した将《しょう》に将《しょう》たる君子の趣きがあった。

木戸孝允は大久保とも違い、西郷とも異なったところのあった人で、大久保や西郷よりも文学の趣味深く、考えたり行なったりすることがすべて組織的であった。しかし、「器ならざる」点においては、大久保や西郷と異なるところがなく、凡庸の人でないことが一目でわかる趣きのあった人である。荻生《おぎゅう》徂徠《そらい》は「器《うつわ》なる人は必ず器を用いずして自ら用うるにいたる」と言っているが、まさに至言である。この三傑は人を用いて自分を用いなかった人たちであったことは、私の実感である。

勝海舟も達識の人であったが、この三傑に比べれば、どちらかというとよほど「器に近い」ところがあって、「器ならず」とまではいかなかったように思われる。

7　行動力がともなってこそ「沈黙は金」

子貢《しこう》、君子《くんし》を問う。子曰《しいわ》く、先《ま》ずその言《げん》を行い、而《しか》して後《のち》これに従う。〔為政〕

子貢の質問に対して孔子は、子貢の短所を戒めた。子貢は門人の中でも能弁家であり、その短所は、弁が勝って行動がこれについていかないことだ。そこで孔子は、

「君子たる者は言語を重しとせず、重しとするところは道徳実行である。おまえが平生言っている説は悪くない。だけど、ただ言うだけでは君子の道ではない。まずその言おうとするところの説を実行し、そうしてから後にこれを言葉にしなさい」

と深く子貢を戒めたのである。

子貢だけでなく、能弁家は必ずしも実行がともなわず、実行家は必ずしも能弁ではない。前者はこれを口ほどでもない男と称し、後者はこれを不言実行家と称する。

大隈重信は雄弁家に違いないけれども、その言ったことをすべて実行したわけではない。これに反して山県有朋《ありとも》は能弁ではないが、心に思ったことは必ず実行する人だった。そして能弁で実行家といえるのは木戸孝允や伊藤博文であろう。言行一致は実にむずかしいことだ。

人はとかく口にかたよったり手腕にかたよりやすいものである。そして今日の青年は口にかたよる者が多いようだ。訥《とつ》弁で行動が機敏であるほうがずっとよい。口先だけの人は世の役に立たず、自分自身もまた損するものである。諺にも「詞《ことば》多きは品《しな》少し」と言っている。

8 〝この一歩の差〟が後に千里の差に

子《し》曰《いわ》く、君子《くんし》は周《あまね》うして比《ひ》せず、小人《しょうじん》は比して周《あまね》うせず。〔為政〕

人は人とかかわり合って社会をつくり、共存していくものであるから、世の中をわたるのに君子と小人の区別なく、よく人と相談し助け合っていかなければならない。

ところが君子は忠実、信実をもって国家に利益をもたらし、小人は自分たちの仲間で組んで自分たちの利益を図る。君子は広く愛して私心がなく、諸侯は自分の一国を愛し、天子ともなれば全天下を愛し、多少の厚薄はあっても、愛憎の私心はまったくない。これがすなわち普遍的な愛でかたよらないということである。

一方、小人は広く愛することができず、権力に追随し、利益を獲得するために一部の人とだけ組んで、自分の利益に害のある者は憎み、善悪の判断ができない。これがすなわち「比して周うせず」である。両者はまったく正反対で、たとえば陰陽・昼夜のようだ。しかし、その分岐点はほんの少しの違いなのに、その害たるや千里の隔たりがある。

9　頭と体が平等に汗をかいているか

子《し》曰《いわ》く、学んで而《しか》して思わざれば則《すなわ》ち罔《くら》し。思うて而《しか》して学ばざれば則《すなわ》ち殆《あや》うし。〔為政〕

本項は学問と思考とは切り離せないものであることを示している。学校で先生の教えるままを受け取るだけで、さらに推考思索しない人は、単に広く知識を得るだけで自己啓発がなく、思考が暗くて社会の役に立たない。いわゆる「論語読みの論語知らず」である。先生から学んだことを、時勢人情のいかんを考えて、実地に適応活用できるのが生きた学問である。

一方、自分の独断にまかせて道を思索研究するだけで、先生から学ぶことがなければ道を誤まり、独断専行するような過ちに陥り、これまた社会の役に立てない。いわゆる「盲目蛇におじず」のたとえのとおりになってしまう。

孔子は、「吾かつて終日《ひねもす》（一日中）食わず、終夜《よもすがら》（一晩中）寝《い》ねず。もって思う、益なし。学ぶに如《し》かず」と言った。これは学問は少しもゆるがせにできないことを示して戒めたものである。要するに「学ぶ」と「思う」との二つがあいまって、はじめて学問が生きたものになるということである。

10 つまらぬ"泥試合"で精神を消耗してはならない

子《し》曰《いわ》く、異端《いたん》を攻《せ》むるは、これ害《がい》のみ。〔為政〕

本項については古来学者の解釈がいろいろあり、朱子は攻めるを治めると訓《よ》み、「聖人の道にはずれた異種の学を専攻することは、害があるだけだ」と説いている。猪飼敬所《いかいけいしょ》は攻めるを攻撃と解釈しており、私はこの説に従う。

世の中すべて陽あれば陰あり、大あれば小あり、高きあれば低きあり、何から何まで同じものでないことは誰もが知っている。人の思想もまた十人十色、人の顔も百人が百人みな違っている。したがって種々の学説が競い合うのは当然である。自分とその思想を異にする者があれば、自分の学問をますます磨き、徳をいよいよ修めてこれを説伏しなければならない。しかし正面から攻撃をしかけ論争するときは、相手もまた怒りを発して抵抗し、泥試合となってお互いに何の利益も生まない。

真宗中興の祖蓮如《れんにょ》上人は、他宗に対してけっして真宗への信心を強制、指図してはいけないと戒めた。まことに人情の機微《きび》をうがっていて立派である。法華宗の開祖日蓮上人は、まっこうから破邪顕正の剣を振り上げて他宗を痛罵《つうば》したが、他宗は屈しなかった。

11　ときには〝マイナス札〟を引く勇気を

子《し》曰《いわ》く、由《ゆう》、汝《なんじ》にこれを知るを誨《おし》えんか。これを知るをこれを知るとなし、知らざるを知らずとなす。これ知れるなり。［為政］

少しばかり物事のわかった人は、自分の知らないことでも知っているふりをすることが多い。これは恥ずかしいことである。何事によらず、本当に熟知していることだけを知っているとし、熟知していないことはこれを知らないとはっきり言う。それができてこそはじめて世間から知識人、博識の人として信用されるのである。

知らないことを物知り顔して言うほど愚かなことはない。宇宙間の真理は人知をもって測りしれないものである。科学の発達した現代においてもなお、専門家でも知りがたいことが多いのである。

「知らざるを知らずとせよ」というこの名言は二千五百年後の今日でも核心をついた、人の守るべき教訓である。

12　孔子流の〝月給〟を確実に上げる秘訣

子張《しちょう》、禄《ろく》を干《もと》めんことを学ぶ。子《し》曰《いわ》く、多く聞きて疑《うたが》わしきを闕《か》き、慎《つつ》しんでその余《よ》を言う。則《すなわ》ち尤《とが》め寡《すくな》し。多く見て殆《あや》うきを闕《か》き、慎《つつ》しんでその余《よ》を行う。則ち悔寡《くいすくな》し。言うて尤《とが》め寡《すくな》く、行い悔寡《くいすくな》ければ、禄《ろく》その中《うち》に在《あ》り。［為政］

子張が先生の孔子に、役人となって給料をもらう道を質問した。すると孔子はこう答えた。

「役人になりたければ自ら修養して実力を充実せよ。その修養の方法は、多く聞いて広く道理を知っても、自分で確信できないことはひかえて、間違いないと信ずることだけを人に語るようにし、多く見て広く物事を知っても、大丈夫と思えない行為はやめて、道義に反しないと確信できることだけを行なえば、とがめられることなく、また自ら後悔することもない。こうして言動に悔いがなければ、世間の評判もよく、長上にも知られ、自分から売り込まなくても、必ず登用される。そうすれば給料は自然についてくる」

「このように言行を慎《つつ》しむ消極的なやり方では、とても生存競争のはげしい社会での成功はおぼつかない。積極的に自分を世間に認めさせなければ負けだ」

現代にはこう自己宣伝をする人がいるが、こういう人は仲間に嫌われ社会にうとまれる。言動が篤実であれば官界でも民間でも必ず信用される。私の八十年来の経験ではそうである。

多く聞いて疑わしいところを捨て、その残りを言うということは、よほどの謙遜家でなければばできないことである。多く見て危っかしいと思う点を捨てて控えめに行なうということは、軽率浅慮の人にできることではない。知らないことは知ったふりをせず、言うことに間違いなく、なすことに誤りなく、終始言行一致であったら、信用しない人がいるわけがない。世の信用厚い人であったならば、自己宣伝をしなくても、必ず人が使ってくれるものである。急がば回れ、近道はかえって危険である。

むかし、名将小早川隆景《こばやかわたかかげ》が、秘書に手紙を書かせるときに、「この手紙は至急用だから、心を落ち着けて静かに書け」と注意したという。これがすなわち急がば回れのよい実例である。

13 良貨が悪貨を駆逐する〝人間学〟

哀公《あいこう》問うて曰《いわ》く、何をなせば則《すなわ》ち民服《たみふく》せんと。孔子対《こた》えて曰く、直《なお》きを挙《あ》げてこれを枉《まが》れるに錯《お》けば則《すなわ》ち民服す。枉《まが》れるを挙げてこれを直《なお》きに錯《お》けば即《すなわ》ち民服せず。［為政］

まっすぐな材木をそり曲がった材木の上におけば、下の曲がった材木もまっすぐの材木に押されてまっすぐになる。同じように賢い正しい者を取り立てて人の上におけば、人民、部下はおのずと正しくなり心服するものである。

古今の例では名君舜《しゅん》王が法律家皐陶《こうとう》を登用して天下を治めたが、殷《いん》の紂《ちゅう》王は悪者を重用したため、たちまち滅びてしまった。わが国でも源頼朝が鎌倉に幕府を開いたが、賢才を登用せずもっぱら姻戚の北条氏にまかせて、ついに北条に滅ぼされてしまった。

徳川家康はこれに反し、譜代の賢才（酒井・榊原・井伊・本多の四天王など）を登用し、天台宗の天海、臨済宗の崇伝《すうでん》などという傑僧を顧問に、さらに漢学者藤原惺窩《せいか》・林羅山《らざん》を登用して文教を興し、文武両道そして諸般の制度にわたって用意周到、そして三百年の泰平の基を開いた。

跡部《あとべ》勝資《かつすけ》・長坂調閑《ながさかちょうかん》を重用して武田氏は滅び、田原紹忍《たはらじょうにん》を寵用して大友氏は倒れた。ドイツのヴィルヘルム一世はビスマルクを用いて栄え、三世カイゼルはこれを斥《しりぞ》けて滅びた。いやしくも国家に君臨して、賢才を登用せず、凡人悪人を重用してひどい目にあうのは、古今東西みな同じである。

私は使用人を選ぶとき才子肌の人を採らず、なるべく誠実で情にあつい人を採用した。安心して仕事をまかせることができ、また世間との交際にも、不安の念を起こさせないためである。

14 人生の極意は「輗軏《げいげつ》」一つを手に入れることにある

子《し》曰《いわ》く、人にして信《しん》なきは、その可《か》なるを知らざるなり。大車《だいしゃ》輗《げい》なく、小車《しょうしゃ》軏《げつ》なければ、それ何を以《もっ》てかこれを行《や》らんや。［為政］

「信」は道徳の中心である。それゆえ孔子は「民、信なければ立たず」［顔淵篇］と教え、その他、「信」について説いた個所が『論語』の中に十五カ所ある。牛車には輗《げい》、馬車には軏《げつ》という牛馬に連結する器具があり、牛馬を御す役をする。もし輗や軏がなかったならば、どれほど立派な牛馬でも、車を走らせることができず無用の長物となる。

「信」は人において、ちょうどこの輗軏のようなもので、もし人に信がなかったならば、いかに才智があっても、いかに技倆があっても、輗軏のない牛馬車と同じで、無益な人どころか有害な存在となる。信は人の行動にとって扇の要《かなめ》のようなものである。信がなければ、いかなる職位にある人も、いかなる事業に就く人も、世に立っていけないであろう。

『孟子』に五倫の順序として、「父子親あり。君臣義あり。夫婦別あり。長幼序あり。朋友信あり」と、信をその最下位においてあるが、これは人類進歩の径路を語るにすぎず、原始時代にあっては、まず愛し親しむことで父子・夫婦・兄弟の情義を生じ、次に君臣の関係が生じ、しだいに社会的組織の進歩にしたがって、友人などが生じ互いの交誼を厚くし、社会の秩序を維持するうえにおいて、自らいつわらず、人をあざむかず、道徳的連鎖を強くする必要が生じる。

孝弟忠信といい、またあるいは仁義礼智信といって、いずれも信を最下位におくが、これは信を軽んじた意味でなく、他の四徳とともに「信」がいかに人間社会で必要であるかをいっているのである。

信の効用は、社会の進歩とともに、いよいよその価値を増して、その応用の範囲を拡張し、一人より一町村へ、一町村より一地方へ、一地方より一国へ、一国より全世界へと、信の威力は、国家的、世界的になった。会社の経営も商業の取り引きも、行政の運用も裁判の効能も、外交の働きも、ことごとく信用の二字が基盤である。

しかし、この信は義とあいまって、行動に移してはじめて意味をもつ。『学而篇』で「信、義に近づけば、言復《ふ》むべきなり」と教えている。いかに信が大切でも、義にはずれた事柄については、これを守ってはいけない。たとえば人とともに悪事をはたらく約束は、義にはずれているから、その約束は守ってはいけない。

明智左馬之介と鳥居強右衛門の生き方の〝落差〟

天正十年六月、明智左馬之介光春《さまのすけみつはる》が、伯父光秀の反逆に味方してその約束を守ったのは、不義の約束履行であってほめられない。一方、鳥居強右衛門勝商《とりいすねえもんかつあき》が長篠《ながしの》籠城のとき、武田勝頼の重囲を脱して織田信長に連絡し、豊川の急流を潜ってまさに帰城する寸前、敵につかまり磔刑《はりつけ》になったが、すこしも屈することなく使命を達したのは信義の鑑である。

私は明治六年五月から銀行を経営し、いろいろ会社事業に関係したが、信用の一点を重んじて大過なくやってくることができた。

法学博士穂積陳重《ほづみのぶしげ》氏は、知人の子に「信之助」と命名したとき、命名の辞に代えて道徳進化論のうえから信の大切さを説明した。

「信は、もともと母がその子を哺育《ほいく》することにより母子の間に生じた『したしみ』すなわち親《しん》にその端を発したもので、母子間の親が広められて親子間の親となり、さらに広められて同族間の親となり、社会の進歩発達にともなってその範囲が拡張された。親もまたその形式を変えて信という固有名詞となった。社会がますます進化してその範囲が拡大すれば拡大するほど、信もまたいよいよ拡大して社会結合のために必要欠くべからざる一大要素となる。信は道徳の中でも最も進歩した形式をそなえ、今日のように各国対峙して交際・盟約・商取り引きをするためにも、一瞬も欠くことができない大切なものだ」

穂積氏のこの説に私は全面同意する。私が八十年このかた、信の一点ばりで押し通してきたのも、この説と同一意見であったからである。

15 物事の「先を読む」には必ず過去を省みよ

子張《しちょう》問う、十世《せい》知るべきやと。子曰《しいわ》く、殷《いん》は夏《か》の礼に因《よ》る、損益《そんえき》する所知るべきなり。周《しゅう》は殷《いん》の礼に因《よ》る、損益する所知るべきなり。それ或《あるい》は周に継《つ》ぐ者あらん、百世と雖《いえど》も知るべきなり。〔為政〕

子張が孔子に質問した。

「今の周の国から十たびも世が変わった後の政治はどのように変化するか、これを今から予知することができますか」

孔子は答えた。

「将来の変化を知ろうと思えば、過去の移り変わりを研究して推測すべきだ。殷《いん》は夏《か》に代わって天下をとったが、夏の礼制に従い、人倫を明らかにして道徳をたっとび天下を治めた。その変革した点は制度法令の末端にすぎない。そのあとは今日も歴然として見ることができる。周が殷に対してもまた同じだ。過去三代のやり方がそのようである以上は、もし万一、後日周に代わって、天下をとる者があるとしても、その政治も大筋は依然として前代を踏襲してこれを改めず、末端の部分を手直しする程度であろう。だから十代の後だけでなく百代の後の政治でも、推測することは難しくない」

孔子は、周に代わるものがあるとすれば、必ず聖人が出てこれに代わること、つまり夏・殷・周三代の革命の時のようになろうと予測して、この答えをしたものだ。

秦の暴君始皇帝やロシアのレーニンの革命などは、孔子といえども想像もつかなかったであろう。私のような浅学者では、実際に幕府の末路に直面して、もっぱら尊王攘夷を唱えたが、今日のような時勢になろうとは少しも予想できなかった。

16 孔子、孟子の〝きわめつけの人生王道〟

子《し》曰《いわ》く、その鬼《き》にあらずしてこれを祭《まつ》るは、諂《へつら》うなり。義《ぎ》を見て為《な》さざるは、勇《ゆう》なきなり。［為政］

祭るべきでないものを祭るのは、鬼神にへつらって自分の利益を得ようとするものである。またこうすることが正しい人の道だと知りながら、自分の利益を考えて、これを行なわないのは勇気のない人間である。

中国の宋末の文天祥《ぶんてんしょう》という人は忠誠無二の人であったが、勇気のとぼしい点は、私の敬服できなかったところである。私が福岡の安川敬一郎の創設した明治専門学校を参観したとき、同校に文天祥の書いた額が掲げてあったのが偶然眼に触れた。安川氏に文天祥とは……と、やや不賛成の感想をもらしたところ、安川氏は次の話をしてくれた。

文天祥の死後に遺骸をあらためて見ると、下帯に次のような賛が書いてあった。

「孔曰く仁を成すと。孟曰く義を取ると。これその義の尽くるは、仁の至る所以《ゆえん》なり。聖賢の書を読んで、学ぶ所何事ぞ。而して今より後愧《は》じなきにちかからん」

これを「文天祥衣帯賛《いたいのさん》」という。この意味は、

「孔子は仁を説き孟子は義を説いたが、人もし義を尽くせばおのずからにして仁に達することができる。仁義はけっして二つ別個のものではない。同体である。聖賢の書を読んで学ぶところもつまりこれ以外のものではないから、義を尽くして世に立ちさえすれば仁をも達成し、世間の人々から笑われるような愧《はじ》をかかずにすむ」

ということである。

3

【八佾《はちいつ》篇】

自分の資質にさらに磨きをかける

1 〝勝ちぐせ人間〟のここを徹底的に勉強せよ

子《し》曰《いわ》く、君子《くんし》は争う所なし。必ずや射《しゃ》か。揖譲《ゆうじょう》してしかして升《のぼ》り下《くだ》り、而《しか》して飲ましむ。その争いや君子。［八佾］

貴族たる者は、けっして人と競争しない。ただ、弓道だけは例外である。堂に上り主人に挨拶するとき、庭に下がって弓を射るとき、お互いに会釈し譲り合う。そして勝者に酒をご馳走する。この競争のしかたこそ本当に貴族らしい。揖《ゆう》は両手を前に組み合わせて会釈する中国独特のお辞儀。升は殿上（堂上）にのぼることである。

人と争うことについて二つの考え方がある。一つは争いを絶対に排斥し、いかなる場合においても争ってはいけない。他人がもしあなたの右の頬を打ったら、左の頬も向けよと説く人がいる。もう一つは正理正道の争いはこれを絶対に避けてはいけないと説く人もいる。私の意見としては、争いは絶対に排斥すべきものではないだけではなく、生きていくうえできわめて必要なものであると信じている。

理にかなった頑固さが辛口の気品をつくる

私は世間の人から、絶対に争いをしない人間のように見られているが、もとより好んで人と争うことこそしないものの、絶対に争わないのが処世上最善の道とは思っていない。絶対に争いを避けて世の中を渡ろうとすれば、善が悪に負けるようになる。私は大した人間ではないが、正しい道を踏んで一歩も曲げないつもりでいるから、無法に譲歩するということはできない。人間はいかに円くても、どこかに角がなければならぬものである。

私も若いときから争わねばならぬことにはずいぶん争ってきた。威望天下を圧していた大久保利通大蔵卿とも侃侃諤諤《かんかんがくがく》の議論を闘わしたこともある。八十の坂を越した今日でも、私の信じるところをくつがえそうとする者が現われれば、私は断乎としてその人と争うことを辞さない。私が自ら信じて正しいとするところは、いかなる場合にも、けっして他に譲るようなことをしない。

人には老いたときと若いときとの別なく、いつも守るべき主張がなければならない。そうでなければ人の一生は、まったく無意味なものになってしまう。いかに人は円満がよいといっても、あまりに柔弱になりすぎては、『論語』［先進篇］に説かれているとおりで、人としてまったく気力も品位もないものになってしまう。

「明石の浦の小石《さざれいし》」では世間の大波は乗り切れない

戦国の末に細川幽斎（藤孝）という文武の達人がいた。円満無碍《むげ》を旨としていた。あるときその子忠興《ただおき》を戒めて言った。「人は明石の浦の小石のごとくならねばならぬ」と。想像するに、忠興が常に血気さかんで角が多かったからであろう。明石の浦の小石はつねに海水にもまれて角がなくなっている。いかに円満な人であったかがわかる。

幽斎はもと足利氏の臣である。義輝《よしてる》将軍が松永久秀に殺されると義昭将軍を輔佐したが、天正元年七月、織田信長のために足利氏が滅ぼされると信長に仕えて天正八年六月、丹後田辺の城主となった。十年六月二日、信長が明智光秀のために京都本能寺で殺されると羽柴秀吉に属し、秀吉死去の後は深く徳川氏と結び、肥後の大守となる。その性格は円転滑脱《えんてんかつだつ》で、敵を味方に変える技をもっていたようである。

しかし、一から十まで円満づくしの人ではない。その一例は、慶長五年九月、石田三成が兵を挙げると、幽斎父子は関東側に味方し、忠興は家康に属して小山《おやま》陣に従った。三成の兵が来て田辺の城を十重二十重《とえはたえ》に囲み、幽斎は寡兵で孤城を守ったが、落城寸前となった。ところが幽斎は歌道の名人だったので、時の帝後陽成《ごようぜい》天皇は、幽斎が討ち死にすれば古今集の伝授（歌道指導）が絶え果ててしまうことを深く嘆き、三条西実隆《さねたか》・日野光宣《みつのぶ》の両卿を勅使として田辺に送り、開城することを幽斎に命令した。幽斎は勅命に従い城を敵に明け渡し、古今伝授の書を勅使に捧げ、自身は亀山城に移り、ついで高野山に逃れた。もしこの勅命がなかったら幽斎は討ち死にしたであろう。円満の中にもこの不円満の点があり、幽斎の幽斎たるゆえんはここにある。争わねばならぬときには、どこまでもこれを争うのが大和魂をもつ日本男子の本懐である。

若いときの苦労とケンカは買ってでも

年の若い元気の充満している青年が、一にも円満、二にも争いを避けようというような精神で世に立つと、自然卑屈に流れてしまうであろう。老人はともかくも、青年は他人の顔色をうかがって争いを避けようなどと考えず、争うところはどこまでも争っていく決心を、常に胸中にもっていなければならない。この決心がなければ、青年は死んでいるのと同じである。みだりに人に屈従せず、他人と争って正しい勝ちを制するという精神があればこそ、進歩発達を得ることができるのだ。

反発心のない青年は、たとえば塩の辛味が抜けたようなもので、いかんともしがたい。独立独歩とか、艱難《かんなん》をなめて立身出世をするとかということも、つまり争いを辞さぬ覚悟のあるところから生じるものである。この覚悟がなければ、青年はけっして世の中に立って成功するものではない。大隈重信は常に、争いは国を富ますものであると言っていた。私が今日ともかくも世に立っているのも、まったく信ずるところは曲げないで、争うべきところはあくまで争ってきた結果であると思う。

2 生まれもった資質にさらに磨きをかける法

子夏《しか》問うて曰く、巧笑倩《こうしょうせん》たり、美目盼《びもくはん》たり、素以《そもつ》て絢《あや》をなすとは、何《なん》の謂《いい》ぞやと。子曰く、絵《え》の事《こと》は素《しろ》きを後《のち》にすと。曰く、礼は後かと。子曰く、予《よ》を起《おこ》す者、商《しょう》や始めて与《とも》に詩をいうべきのみ。［八佾］

三島中洲の解釈によると、次のようになる。

「子夏が孔子に質問する。
『巧笑倩《こうしょうせん》たり、美目盼《びもくはん》たり、素《そ》もって絢《あや》をなす、という詩はどういう意味ですか』

これは美人のことを表現した詩で、詩そのものの本来の意味は、女が巧みに笑って、口もと頬のあたりにしたたるばかりの愛嬌がある。その目は白目と黒目がはっきりとして鮮やかである。こういうもって生まれた美質は、粉飾を用いなくても、生地《きじ》のままで美しいということである。

しかし、「素もって絢をなす」の一句は素を用いて絢をなすという意味なのか、あるいは素がすなわち絢であるという意味なのか、またあるいは素があって絢を加えるという意味なのか、いかようにも解釈できる句なので、子夏が質問したのである。

孔子はこの詩の本来の意を転じて、こういう天然の美質のうえに、さらに白粉をほどこして化粧すれば、いよいよその美を発揮して絢麗となると解釈した。これを絵画にたとえて、

『絵画において、すでに五彩を塗り終えたうえに、さらに白粉を用いてこれを鮮麗にするのと同じである』

と答えたのである。

子夏は、はじめはただ詩の意味を質問しただけだったが、孔子のこの言葉を聴き、たちまち礼のことに悟るところがあった。

また質問する。

『このような場合は礼は後か』

その意味は人たるもの、内に誠実の美質があって、さらに礼を学びその外を飾れば、その誠実はいよいよ発揮して、行ないやすい。内に誠実の質がなければ、いたずらに礼を学んでも利益はないということである。

孔子はここで子夏の聡敏な才能を感じ、

『おまえは実に私の気づかないところに気づき、私を呼び起こし私を啓発してくれた。詩を学ぶのは、このように言外の意味を発見してこそ、大いに益するところがあるものである。おまえのような聡敏な者ならはじめてともに詩を語ることができる』

と深くこれをほめたたえた。

『素もって絢をなす』の意味は粉飾を用いず『素がすなわち絢なり』というのが詩人の本意である」

ヒラメキをつかむ〝新鮮な疑問符〟がいつも頭にあるか

このように三島中洲は、詩を読む者は新意を発見することを尊ぶと断定して、孔子の学問は「知新」の学であって、いたずらに古《いにしえ》を大事にする「守旧」派ではないことを証明しているのは、一段進んだ見方といわざるをえない。私の大いに敬服するところである。人は誠実の美質をそなえていなければ、もとより取るに足らない。しかし、この美質をそなえただけで、文学をもって修飾できなければ、人格・才能が野卑で文明社会の紳士といえない。［学而篇］に、「行うて余力ある、則ちもって文を学ぶ」とあるのもこの意味にほかならない。

本項は三島中洲の説のように、詩を読む者は新意を発見することを尊ぶという意味を示したものである。これは詩を読む者に限らず、すべて学問でも芸術でも、現在の意味よりさらに新たなる工夫を発見することを、日々新たなる生きた学問としている。いたずらに古きを尊び古きにこだわるのは、孔子の教えではないということを知るべきだ。今の人は、ややもすれば孔子・孟子の学問は保守的な古陋学《ころうがく》だとしているが、これはまだ孔孟学の真意を知らない者といえる。今日、英仏米などの文明国で盛んに『論語』を翻訳して学者が争ってこれを研究し、新世界に応用しようとするのを見ても、その学問の素質に「知新」の意味が含まれているのは明白である。

さて今の青年は外見上の身体だけ飾って、風采《ふうさい》を整えることには余念がないようだが、精神を飾るのを忘れているようだ。だから恥を知る心は日々に消え失せ、破廉恥な行為が新聞紙上に掲載されない日はない。ことに男女間の情操は言語道断である。これは精神の修飾を怠り、品性が堕落した結果で、文明社会の紳士淑女にあるまじき行動である。

3　点でなく線で考えれば〝全体〟が見えてくる

子《し》曰《いわ》く、管仲《かんちゅう》の器小《きしょう》なるかな。或《あ》るひと曰く、管仲《かんちゅう》は倹《けん》なるかと。

曰く、管氏《かんし》は三帰《さんき》を有《ゆう》して、官事《かんじ》摂《せつ》せず。焉《いず》くんぞ倹なることを得《え》ん。然《しか》らば則《すなわ》ち管仲は礼を知るか。曰く、邦君樹《ほうくんじゅ》して門を塞《ふさ》げば、管氏もまた樹《じゅ》して門を塞《ふさ》ぎ、邦君両国《りょうこく》の好みをなすに、反坫《はんてん》あれば、管氏もまた反坫《はんてん》あり。管氏にして礼を知らば、孰《いず》れか礼を知らざらんや。［八佾］

管仲は斉《せい》（今の山東省）の桓公《かんこう》の宰相となって、桓公をたすけて諸侯に覇《は》たらしめた人物で、周公以後五百年に一人の傑物として、人々に尊敬された。ところが、孔子は管仲を批評してその才能の小ささを嘆いた。つまり管仲は覇業を成就させたが、王業を興すことができなかったからであろう。

ある人がこれを聞き、その理由がわからず、

「孔子は、ひょっとして管仲が倹約家であることを指して器量が小さいと評したのだろう」

と思った。そして、

「管仲は倹約家だったのですか」

と質問した。孔子はこれに答えて言った。

「いや、管仲は三つも邸をもち、また家臣に仕事を兼務させず、それぞれに専任の人を置いている。これは倹約とはいえない」

ある人は、さらにこれが理解できず、

「管仲が倹約家でないとすれば、それなら礼をそなえていましたか」

とまた尋ねた。孔子はまたこれに答えて、

「いや、管仲は君主に対して僭越で礼を失している。その証拠は、諸侯は門の内に屏《へい》を設けて内外を蔽《おお》い隔てるが、大夫《たいふ》（家老）はただ簾《すだれ》で内外を隔つべきものなのに、管仲は僭越にも屏を設けて門内を蔽っている。また諸侯は他国の君主と宴会をするときは、酒杯を置く反坫《はんてん》（酒杯を置く台）を設けるが、大夫以下ではこれを設けることはできない。

ところが管仲は僭越にも、自分の家にも反坫を設けた。管仲のやることなすことすべてこのようなありさまで、これで礼を知っているといえば、天下に誰一人礼を知らない者がいないことになる」

と言った。孔子はまた管仲の礼を知らないことを痛烈に批判したのである。

孔子は管仲の器が小さいと言い、贅沢《ぜいたく》で倹約家ではないと言い、また礼を知らないと断言する。管仲をけなすことはなはだしい。

孔子が没して百年後に孟子が出て、孔子の意志にもとづいてますます王道覇道の別を明らかにした。ここで天下後世はじめて王を補佐して善政をしく仕事（王道）があることを知り、管仲の覇業の評価が下がった。

頼山陽《らいさんよう》（江戸後期の歴史家。『日本外史』の著者）をはじめ学者が王道を唱え覇政をいやしむようになった源は、遠くこの一章にあることを知るべきであろう。

そしてこの論旨は嘉永・安政以来、志士たちによって勤王論に具体化され、ついに明治維新の大業が成就したのである。

孔子一流の「二つの目」の使い方

孔子は管仲の器が小さいと言ってけなしたが、同じ『論語』の中で、〔憲問篇〕第十八章においては、次のようにたいへんほめている。

「管仲なかりせば、吾それ髪を被り衽《じん》を左にせん」（管仲がいなかったら、私たちは蛮族の夷《い》狄《てき》に支配されることになったであろう、の意。髪を垂らしたまま冠をかぶらず、衣服を左前に合わせるのは夷狄の賤しい風習である）。

今この章と対照して観察すれば、前後矛盾して孔子はあたかも二枚舌を使ったように見えないでもない。だがこの二つを熟読すればけっしてそうでない。一面において管仲を非難し、一面において管仲を称賛したところに、孔子がけっして一方にかたよらず、公平無私の批評をすることが見えるのである。

凡人は感情に走りやすく、一度称賛した人をあくまでもかばうと同時に、いったん非難した人はどこまでも悪人視するものであるが、孔子はけっしてこういう過ちをおかさず、善を善とし悪を悪とし、是《ぜ》を是とし非を非として公平な批評をしたのである。

管仲が生まれた周末春秋時代は、群雄割拠の世の中で、天下に統一力がなかった。管仲は斉の桓公をたすけて諸侯に覇たらしめ、その一致団結の力によって、蒙古族などの中国侵入を防ぎ、中国の文化平和を維持させた功績は、けっしてこれを忘れるべきでない。孔子は、この功績を称賛したのである。そして、それがさらに一変して王道に進み、周の天下を再興し得なかった点をその器は小さいと評したのであろう。まことに公平無私で正確な人物批評といわざるをえない。

4　一見不幸も〝考え方一つ〟でこんなにも幸せに

儀《ぎ》の封人《ほうじん》見《まみ》えんことを請《こ》うて、曰《いわ》く、君子のここに至るや、吾《われ》未《いま》だ嘗《かつ》て見《まみ》ゆることを得ずんばあらず。従者これを見《まみ》えしむ。出《い》でて曰く、二三子《にさんし》何《なん》ぞ喪《そう》することを患《うれ》えんや。天下の道なきや久し。天将《てんまさ》に夫子《ふうし》を以《もっ》て木鐸《ぼくたく》となさんとす。［八佾］

孔子が魯《ろ》の国を去り、衛《えい》の国の儀という辺地に来たとき、土地の役人がやって来た。そして、「賢者がこの地に来られたときは、私は必ず面会した。どうぞ孔先生にもお目にかかりたい」と願い出た。孔子の徳を慕って来たものである。

孔子に随行した門人は、孔子に取り次いで面会させた。この役人は地位は低いが、識見をそなえたなかなかの賢人で、深く孔子の聖徳を感知した。そして退出するとき門人にこう語ったという。

「みなさん、先生が地位を失って国を去られることを心配することはありません。天下の政道が乱れて久しい。天はこれを憂いて、世直しさせようとして、孔先生を天下に周遊させて広く道を行なわせるためなのです。ちょうど木鐸《ぼくたく》（鈴の形をしたドラで、木製の舌がついていて音を発する）を鳴らして政府が命令を施行するように、ことさらに国を去らせたのです。

その地位におられようとおられまいと気をもむことはありません。地位におられれば直接に善政を民に施し、地位におられなければ間接に善道を人に教えてくださる。孔先生のような聖徳ある人は、地位におられればもとより世を益し、地位におられなくてもまた世に益をもたらしてくださる。だから地位を失って国を去ることになっても心配することはありません」

まさにそのとおりで、木鐸のように世を教化指導する人が孔子である。

4

【里仁篇《りじんへん》】

この心意気、この覚悟が人生の道を開く

1 この心がけ一つで身を〝火宅《かたく》〟におくことはない

子曰《しいわ》く、里《り》は仁《じん》を美《よし》となす。択《えら》んで仁に処《お》らざれば、焉《いずく》んぞ知《ち》を得《え》んや。[里仁]

孟子はこの項の言葉を引用して、

「仁は天から授かる位であり、人の安住できる場所である」

と言っている。村里は都会と違って仁の厚い風習があり、こういう土地にいれば、朝夕接する人はみな仁に厚く、見るもの聞くものすべてよい風俗なので、自然に徳が育ち、老いも若きも仁に厚い風習が身についてくる。もし住居を選ぶならば、このようなよい風俗のある村里がよろしい。


昔の学者の説は以上のようなものであるが、私はこの解釈だけでは物足りないので、これを少し拡張して広義に解釈したい。孔子の精神は、おそらくはどこに住んでもかまわないから、「仁徳」を自分の心の拠り所としていなければならないという意味だろうと思う。孔子が別のところで、

「君子これに居らば何の陋《いやし》きことかこれあらん」（『子罕《しかん》篇』）――どんな所、どんな土地であろうと、そこに君子が住めば自然と文化に化せられるものです。いやしい、むさ苦しいなどということはないものです、の意）

と言っているのをみても、その意味のあるところがわかる。

仁徳に安住して、これをわが心の住む里と心得ている人は、これによって立派な人格をつくり、心身ともに豊かである。もし心を名利《みょうり》に奪われてその日暮らしをする人は、実に気の毒千万である。仁徳を心の安住地とせず、身を火宅《かたく》（平安のない苦に満ちた世界）に置く人は、けっして知者とはいえない。真正の知者は必ず仁に一致し、徳に一致するはずである。徳を離れた知はなく、仁をはずれた知はない。

私は武州深谷駅より北一里の血洗島《ちあらいじま》という片田舎の戸数五、六十の小さな村に生まれた。文久三年十一月八日、私が二十四歳のとき郷里を出たのは、幕府を倒して志を天下に行ないうる政治家になろうという意気込みであったから、郷里のことはまるで頭になかった。明治三年東京に住居して一人前の生活をするようになってからは、『論語』に説かれた孔子の教訓を理解するようになり、幾分なりともわが生まれ故郷のために尽くしたいという気になった。

これもひとえに「里は仁を美となす」と教えた孔子の教訓を実践したいと考えるようになったからである。

〝人情の自然〟を大切にする人の心豊かさ

人間はわが身を思えば直ちにわが家を思い、わが家を思えば直ちにわが故郷を思うものである。これは人情の自然である。この故郷を思う人情が発達して愛国心となり、さらにいっそう拡張されて世界人類の上に及ぶものを博愛という。世界人類のために尽くし、あるいは国家同胞のために尽くそうと思えば、まずその根源にさかのぼり、わが故郷を愛し、わが家を愛さなくてはならない。近きより始めて遠きに及ぼすのが自然の順序でもあり、人の常識でもあろう。

私はこの精神を抱いて以来、郷里のために微力を尽くしている。できるかぎり仁厚の風を長く郷党に行なわれるようにしたいと思って、農業をしている甥たちに申し聞かせて、村内に率先して純朴の風を守らせている。

村内では私の家が大頭株《おおあたま》で甥たちが村の世話をみているので、率先して純朴の風を守れば、村内全般も自然にこれに見習う。そして私の希望したように、他の村落のような競争とか足の引き合いとかという弊害もなく、人々は親しみ合って、よく純朴の美風を保っているように見受けられる。

しかし、醇風美俗だけではだめである。醇風美俗と同時に世界の新知識を常に輸入して各自の職業にも応用し、文明開化の域に到達しなければならない。そのためには学校教育に重きをおき、小学校長や教員にその人を得るが第一のことだと信じ、実現に力を貸した。

「心は環境にしたがって変転する」と臨済《りんざい》和尚が言ったように、人は境遇しだいで、心はどのようにも転変する。「孟母三遷《せん》」の教えもこれのためで、本項の孔子の教えもまたこれを言っている。

孔子の深意は繰り返しになるが、仁徳をわが心の安住すべき村里にしなさいということだ。換言すれば、身を仁厚の里におくのは有形上のことに属し、心を仁厚の域に遊ばせるのは無形上のことに属する。有形上のことはいうまでもなく、たいへん有益である。一歩進んで無形の心の働きにいたれば、その益はさらに大きなものになる。無形の心が仁厚の里に安住すれば、その心意が発して形而上にあらわれる一挙一動はすべて厚い仁慈の心となろう。これが「里は仁を美となす」の究極の境地である。

2　ときに人をにくむことも大きな美徳になる

子《し》曰《いわ》く、ただ仁者《じんしゃ》のみ、能《よ》く人を好《よみ》し、能《よ》く人を悪《にく》む。［里仁］

善いことを善しとし、悪いことを悪いとする。私心のない公平さをもっているから、人を愛することも憎むこともできるのである。

中国の昔、舜帝《しゅんてい》が四凶（四人の悪人。共工《きょうこう》・驩兜《かんとう》・三苗《さんびょう》・鯀《こん》）をにくんでこれを誅殺し、民はその害から免れた。わが国では天智天皇が蘇《そ》我入鹿《がのいるか》を誅して天下はその害から免れ、徳川家康は四天王や天海《てんかい》、藤原惺窩《せいか》などを用いて国内の安泰を図った。これこそ好悪の用を尽くした好例であろう。

ふつうの人には善悪の判断が難しい。判断に迷って好悪を誤り、あるいは利害の念にひかれて、その善悪がわかっていても、好悪の使い分けができないものである。その点、仁者だけは、一点の私心もないから、利害のために判断の目が曇らず、愛すべきを愛し、にくむべきをにくんで意志を曲げず、進退賞罰がきわめて当を得ている。

3　自分を大切にせよ、だが偏愛するな

子《し》曰《いわ》く、苟《いやし》くも仁《じん》に、志《こころざ》す。悪《あし》きことなきなり。［里仁］

人間が悪事をなすのは、他人と接触するとき、自分を偏愛することから始まる。つまり利己

主義のなせるわざである。仁者の場合は広く大衆を愛して利己を考えない。仁に生きることは、純粋な心で行動することであるから、少なくとも仁に志し、仁に生きようとするならば、その心に悪が生じるわけがない。

人間は自分の利益幸福のためだけでなく、他人の利益幸福のためにも働かなければけっして栄えることはできない。特に若い人は十分にこれを心得て、私利私欲だけに走らず、他人のため国家のためにも力を尽くしてほしい。あの関東の大地震において、世界ことにアメリカ合衆国国民の深い同情と救援は、まことに「仁に志す」という言葉どおりの好実例である。『大学』の伝《でん》十章に「民の好むところこれを好み、民の悪《にく》むところこれを悪む。これをこれ、民の父母という」とあるが、本項の意味と同じである。

4　孔子の〝算盤〟は何でつくられていたか

子《し》曰《いわ》く、富《とみ》と貴《たつと》きとは、これ人の欲《ほっ》する所なり。その道を以《もっ》てこれを得ざれば、処《お》らざるなり。貧しきと賤《いや》しきとは、これ人の悪《にく》む所なり。その道を以てこれを得ざれば、去らざるなり。［里仁］

富と地位とは万人の欲するところである。しかし、これを得るためにはそれ相当の方法がある。つまり学を修め功を立て、身をつつしみ徳をそなえることだ。富貴そのものはもとより悪いものではなく、青年の目的としてもよいが、これを獲得する手段方法については、慎重な態度が必要であるというのが、孔子の趣意であろうかと思われる。

ところが従来の学者の説では、往々にして本項の「人」を悪人の意味に解釈して、富と地位は悪人の欲求するものであって、これを獲得するには不正な方法をもってする必要があるから、君子はこれに近づいてはいけない。富と地位とが外より舞い込んできても、これを避けるべきであるかのように説いたりする。

これはまったくいわれなき偏見である。孔子の趣意は正道でなく、無法をあえてして獲得した富貴が悪いというだけのことである。

わが国の近い一例は柳沢吉保《よしやす》が徳川五代将軍綱吉に深くとりいって、徳川一門に准《じゅん》ぜられ、百万石のお墨付《すみつき》をもらったというようなことを指すのであって、正道を踏んで得た富貴は、けっしていやしみ棄てるべきものではない。

元弘の昔、楠木正成《まさしげ》が義兵を金剛山に挙げて北条百万の兵に抵抗し、名和長年《なわながとし》が後醍醐天皇を船上山に奉じて義兵を挙げ、新田義貞が鎌倉を攻めて北条高時を倒し、それぞれその功によって正成は摂津・河内二州の守護に、長年は因幡・伯耆両国の守護に、義貞は上野・下野の守護に任じられたが、これはみな正当な手段で得た富貴である。

実業を先駆けた商人、三井宗寿の眼のつけどころ

また富の面から見ても、三井家は徳川二代将軍秀忠時代に伊勢国松坂で、三井宗寿《そうじゅ》という人が呉服屋を始めたが、その頃すでに相応の財産を持っていたらしい。この時代の富豪はもっぱら大名に金を貸して利息を取るのが商売で、これにより利益を得ていたが、宗寿は富豪が金貸しばかりして世を渡るのはよくない、実業をしなければ真の社会奉仕ではないと考えて、呉服店を開業したそうである。この商売のやり方が、世人の便利を計ることにあったので、大いに繁昌したのだという。「積善の家に余慶あり」というとおり、三井家が今日まで繁昌したのは偶然のことではない。

その他大阪の鴻池《こうのいけ》にしてもまた酒田の本間《ほんま》にしても、いずれも富豪として今日なお存続するのは、その祖先が陰徳を積み、富を得るのに正当の道をもってしたからで、誰もこれを悪いというものはいない。

『論語』の「雍也篇《ようやへん》」に孔子は、広く民に施して大衆をすくう者ならば、これは仁以上の仁で、聖人と称すべきだと言っている。広く民に施そうとすれば財産がなければならず、大衆をすくおうとすればこれまた資本が必要だ。何事をするにも先立つものはやはり金銭である。いかに民に施し大衆をすくおうとしても富がなければその希望を達しえない。ない袖は振れない。今日の文明政治を行なうには、ますます富の必要があるのである。

算盤《そろばん》をとって富を図るのはけっして悪いことではないが、算盤の基礎を仁義の上においていなければいけない。私は明治六年に役人をやめて、民間で実業に従事してから五十年、この信念はいささかも変わらない。あたかもマホメットが片手に剣、片手に経典を振りかざして世界に臨んだように、片手に『論語』、片手に算盤《そろばん》を振りかざして今日に及んでいる。

貧乏と卑賤は誰しも嫌うものである。しかし、その貧乏と卑賤に陥るにもまたそれなりの理由・原因がある。不学無術で徳がそなわらず行ないが修まらなければ、それは貧乏と卑賤への道である。こうした連中は貧乏と卑賤とに甘んずる以外ない。

これは当然のことだが、時としては、学問が上達しても人に知られず、行ないが修まっても採用してくれないこともある。これは不当なる貧賤ではあるが、こんな場合でも、君子は安んじてこれに耐え、悪あがきをしない。小人はこれに反し貧苦に迫られると、破れかぶれで非行に走ってしまう。

君子は富貴に処しても貧賤に処しても、ただ道義に適合することを求めつづける。境遇の変化によって心を奪われてしまうことはない。

5　大人物はいざというときほど風格が現われる

君子《くんし》仁《じん》を去って、悪《いず》くにか名を成さん。君子は食を終《おわ》るの間《あいだ》も仁に違《たが》うことなし。造次《ぞうじ》にも必ずここにおいてし、顛沛《てんぱい》にも必ずここにおいてす。［里仁］

君子の君子たる価値は、仁徳がそなわっているからだ。仁を離れてどうして君子と名づけられようか。天下のすべての善はみな仁から出ている。仁から離れて名をあげようとすれば、いたずらに悪名だけとなる。だから君子は食事の間も仁からはずれることなく、いかに火急の場合でも仁を離れず、必ず仁をもって対処する。またいかに急変や失敗の際でも、けっして仁を離れず、平常無事の時と同様に仁とともにあるべきである。

6 渋沢流〝プラスの過ち・マイナスの過ち〟

子曰《しいわ》く、人の過《あやま》ちや、おのおのその党《とう》においてす。過《あやま》ちを観《み》てここに仁を知る。［里仁］

人の過ちというものは、それぞれの人の性質によって違っている。仁が厚くて犯す過ちもあれば、薄情で犯す過ちもあり、過ちの仕方によってその人の仁のあり方を知ることができる。党は郷党のこと。

明治維新の豪傑で、西郷隆盛は仁愛に過ぎて、過ちを犯した。彼はあくまで人に親切で、部下の青年に対しても仁愛に過ぎ、一身を同志仲間の犠牲として捧げて明治十年の西南戦争は起こったものである。木戸孝允も仁愛に傾いた人であるから、過失があったとすれば、仁愛に過ぎたことからきたものであろう。

これに反し肥前の江藤新平は、残忍に過ぎる人であった。彼は人に接すれば、何はさておきまずその人の欠点を見破ることにつとめ、人の長所を見ることは後回しにした。佐賀の乱を起こして政府と戦ったが、けっして仁愛心から出たものではなかった。

そもそも仁愛に過ぎるのと残忍に過ぎるのと、どちらがよいかといえば、仁愛に過ぎて過失をする人のほうがよいことは論をまたぬが、本項に孔子が「人の過ちやおのおのその党においてす。過ちを観てここに仁を知る」と言っているのも、この意味だと思う。人はたとえ過失を犯しても、それが仁愛に過ぎたことから起こったものでなければならないと諭《さと》されたものであろう。

「仁」半分に「不仁」半分だった大久保利通

大久保利通は、西郷と江藤との中間にいた人である。仁半分に不仁半分といった傾向の人であった。彼は明治七年、軍事司法の全権を帯びて佐賀に行き九州臨時裁判所を開き、大判事河《こう》野《の》敏《と》鎌《かま》に江藤新平の梟首《きょうしゅ》（さらし首）の刑を宣告させ即時執行した。この点は今日にいたるまで酷に過ぎるという議論がある。

三条実美は外柔内剛だが、これまた仁愛の人であった。

彼は明治四年九月十三日太政大臣に任命され、十八年十二月二十三日の詔勅で伊藤博文がはじめて内閣総理大臣に任命されるまで、十五年間日本国の大政を司ってきたほどの人だから、内に剛気がなくてはとてもその重任に耐えられるものでない。しかし、仁愛に富んでいる欠点として、ややもすれば無定見のそしりを免れなかった。

7 この心意気、この覚悟が人生の道を開く

子曰《しいわ》く、朝《あした》に道を聞けば、夕《ゆう》べに死すとも可《か》なり。〔里仁〕

道を求めるのに時間を惜しんで励めと、孔子は説いている。人として人たる道を知らなければ、人ではない。自分はすでに老いて余命いくばくもないなどと言って、学問を捨ててしまった者に説き聞かせる。

「人は必ず学ぶことで道を知ることができる。朝に真実の人の道を聞いたら、その日の暮れに死んだとしても後悔しない。その死は、人の道を全うして死んだのである。禽獣（鳥や獣）と同じではない。まして、必ずしもすみやかに死ぬわけではなく、すでに聞いた道を事物に応用できる」

朝夕というのは、時間の短さを極言して人を勧める言葉である。孔子が死を好んで厭世観を述べたものではない。

わが国の尊王攘夷に奔走した人とか、維新で国事に尽くした志士は、たいてい自分の信奉する主義を、士道すなわち孔子のいう人の道と信じ、この主義を実行するためには、たとえ一命

を捨てても意に介さずと、この「朝に道を聞けば、夕べに死すとも可なり」の語句を金科玉条として遵奉《じゅんぽう》し、活動したのである。

こういう私も、文久三年二十四歳で尾高藍香《らんこう》、渋沢喜作らと謀り、旗挙げして高崎城を乗っ取り、ここを拠点に兵を集め、高崎から鎌倉街道を通って横浜に出て、洋館を焼き払い外国人を掃討《そうとう》して攘夷の実をあげ、幕府を倒そうともくろんだ頃には、やはりこの語句を志士の守るべき金科玉条と心得ていた。

京都で尊攘説を主唱していた橋本左内や梅田源二郎（雲浜《うんぴん》）や頼三樹三郎もこの主義を抱き、安政五年幕府に捕えられて、井伊大老により小塚原で斬罪に処せられたが、これも主義に倒れるものと信じて少しも悔いるところがなかった。翌々年の万延元年三月三日、井伊大老を桜田門外に刺した水戸浪士や薩摩《さつま》浪士有村治左衛門なども、この暴挙で処刑されることは百も承知で、尊攘の目的のためには一命を捨てて大老を刺すのが士道であると信じたのである。

8　一歩下がってみることで全体がよく見え、すべてがうまくいく

子《し》曰《いわ》く、能《よ》く礼譲《れいじょう》を以《もっ》て国を為《おさ》めんか。何かあらん。礼譲を以て国

＝を為《おさ》むる能《あた》わざれば、礼を如何《いかん》せんや。〔里仁〕＝

「虚礼では国を治めることができない」ことを説いている。礼譲で国を治めることを示しているが、この場合、「礼」より「譲」の字のほうに重点をおいて考えるとよい。礼譲は国の幹である。その礼譲を捨てて政治をすれば、人々は利欲をほしいままにして互いに奪い合う。

孔子は言う。

「人の上に立つ者が礼譲の『譲』をもって国を治めることは容易なことで、なんの難しいことがあろうか。これに反して、『譲』が抜けていれば、どんなきれいごとを並べても、これはただの虚礼になって、どうして治めることができよう」

今日世界を見渡すと、国も人もこぞって権利を主張し、礼譲をおろそかにする傾向があるようだ。これは大きな間違いだ。主張すべき正当な権利は主張してもよいけれども、権利主張の一点張りとなって少しの譲り合いもしないとなれば、その主張は正義の域を脱して放縦となり、国にあっては弱国を攻めて併呑し、人にあっては庶民を駆使して富をつくり、そのあげく怨恨の的となって自滅することになる。要するに国家も個人も礼譲を根幹として、国政に励み職業を遂行すれば、世の中は平和になるというのである。

9　自分に自信がない人ほど他人の目が気になる

子曰《しいわ》く、位《くらい》なきことを患《うれ》えず、立つ所以《ゆえん》を患《うれ》う。己《おのれ》を知ること莫《な》きを患《うれ》えず、知るべきことを為《な》すことを求むるなり。［里仁］

君子の学問は己《おのれ》に求めて、他人に求めないことである。

人はみな自分が認められず、地位を得られないことを気にやむけれども、これは間違いだ。地位というものは人が認めてはじめて授けられるもので、自分の力ではどうすることもできない。これを悩むのは無益なことだ。

だから君子は地位のないことを悩まず、地位を得てその職についたときは、認められた力を十分発揮するにはどうしたらよいかを常に研究して、自分にその力が不足していないかどうかを考える。また世間が自分の実力を知らず、推挙してくれる者がいなくても、けっしてこれを気にやまず、さらに自分に力をつける努力をするとよい。このように自ら励んで、人を責めるようなことはしないこと、すなわち『論語』開巻第一の「人知らずして慍《いきどお》らず」の精神である。

ところが世の青年たちは、ややもすれば地位を得ないから腕を振るうことができないと不平を鳴らす。こういう人は、たとえその地位を得ても自分が思っていたように仕事ができるものでない。そしてまた、その望むような地位は容易に得られるものでない。

それなら空想を描いて現在の境遇に不平を鳴らすよりも、現在の境遇にいて、自分がはたして役に立っているかどうかを考え、その仕事に全力を傾注するがよい。そうでなければ何年経っても、真の安心立命は得られない。毎日を不安、不平の念に駆られながら生活しなければならないことになる。

これが孔子の「位なきを患《うれ》えずして立つ所以《ゆえん》を患えよ」という教えである。

人はいかに自分を世間に認識させようとして、自己を吹聴《ふいちょう》して歩いたところで、世間はそう簡単に認めてくれるものではない。それよりも、平素の修養によって着実に実力を養成し、実行によって実績をあげるようにするがよい。こうすれば、あえて自ら求めなくても、その人の力は世間に知られるようになるものである。

10 「思いやり」をカラ回りさせないための秘訣

子《し》曰《いわ》く、参《さん》や、吾《わ》が道一以《もっ》てこれを貫《つらぬ》くと。曾子《そうし》曰く、唯《い》と。子《し》出《い》

づ。門人問うて曰く、何の謂《いい》ぞやと。曾子《そうし》曰く、夫子《ふうし》の道は、忠恕《ちゆうじよ》のみ。〔里仁〕

曾参《そうさん》（曾子）は孔門賢哲の一人である。また孟子《もうし》・顔淵《がんえん》・曾参・子思《しし》の四人を選んで四配《はい》と称し、孔子を祭る時には、この四人を陪賓《ばいひん》（主賓とともに招かれる客）としていっしょに祭られる。曾参は学問が深かっただけでなく、非常に親孝行な人で、『孝経』も彼の手で完成したという。

「私の学問の方法は数多くあるのではなく、世に処し物に応じるのに、ただ一つだけでこれを貫くのである」

孔子がこう言うと、曾子はこれを聴き「はい」と答えただけで、別に質問しなかった。曾子はいつも孔子に親しく接触し、よく孔子の精神を理解していたから、すぐに孔子の真意を会得し、平生自ら思考するところと合致しているので質問は必要でなかった。

孔子が帰ったあと、曾子の門人が、

「孔先生は単に一つだけとおおせられただけで、一つというのがはたして何物であるかを示してくださらないのに、曾先生が、『はい、わかりました』と答えられたのはどういうわけか合点がいきません」

と師匠の曾子に質問した。曾子は言下に答えた。

「孔先生の道は忠恕《ちゅうじょ》だけである。別に他の方法はない」

孔子の各方面にわたる多年の教訓も、凝集すれば、結局曾子の言う「忠恕」の二字に帰し、『論語』の千言万語も、つまるところは忠恕の二字に代表されるのである。

渋沢流・人間関係の〝基本中の基本〟

ところで「忠恕」とはどういうものであるか。仏教の慈悲、キリスト教の愛と曾子のいう忠恕は似たものと思われるが、私は仏教・キリスト教を研究していないから、確信しかねる。忠とは衷心よりの誠意懇情を尽くし、事に臨んで親切を第一とすることをいう。恕とは、ひらたくいえば「思いやり」と同じ意味で、事にあたって先方の立場になり、先方の心理状態になって考察してやることである。ただし忠と恕とは個々別々のものではない。忠と恕とを一つにした「忠恕」というものが、孔子の一貫した精神であると同時に『論語』を貫く精神である。

太田錦城《きんじょう》の説を借りると、

「孔子が仲弓《ちゅうきゅう》の仁を問うに答えて、『己《おのれ》の欲せざる所は人に施すことなかれ』と言った。これが恕である。子貢の仁を問うに答えて、『それ仁者は、己立たんと欲すれば人を立て、己達せんと欲すれば人を達す。能《よ》く近く譬《たと》えを取る。仁の方というべきのみ』と言った。これもまた恕である。孟子は『強恕（非常に努力して忠恕を行なう）して行なう。仁を求むることこれより近きはなし』と言う。忠恕は仁を求める最良の方法だ」

と言った。三島中洲は、

「仁は道徳の名。忠恕の工夫の成るところはすなわち仁徳仁道である。ゆえに曾子が仁を実行するのに必要なのは忠恕だけだと言って門人の問に答えたのである」

と説いている。

世の中の人がすべて常に心の底から「忠恕」の精神すなわち「仁」を絶やさず、これを実行していけば、世の中は円滑に進行し、人々は平和に生活していけるものである。仁者に敵なしとはこのことである。ところが世の中が騒がしく争いが絶えないのは、人々に忠恕の精神が欠けているからである。

人の世で生きるために何よりも大切なものは忠恕の精神すなわち仁道であるが、この精神を実行しようとするには、知略をともなわなければならない。知略のともなわない精神だけではものにならず、知略は、忠恕の精神が中核となって活動するさいの欠くことのできない助手である。

知とは知恵のことで、事物を観察して理非を判断する力をいう。この判断力がなければ、いかに忠恕の精神を行なおうとしても、これをいかに処理すればよいか見当がつかなくなる。

また略がなければ、忠恕の精神を実行しても、かえって他人に迷惑をかけるような結果になるものである。略といえば策略・計略などという悪い連想をともないがちだが、ここでいう略はそんな意味を含めない。臨機応変の工夫というぐらいのところである。

世の人のやっているのを見ると、たいてい知略の一方に傾き、知略の原動力となるべき忠恕の精神を欠いている。知略だけがあって忠恕の精神に欠けた人の行動は、いたずらに恩威（恩恵と威光）だけで人に臨み、少しの温情もなく、また正直なところがないから、人心も社会も動かすことはできない。

11 目先の利益より〝余得〟のほうが大きな利息を生む

子《し》曰《いわ》く、君子《くんし》は義《ぎ》に喩《さと》り、小人《しょうじん》は利《り》に喩《さと》る。［里仁］

君子と小人とはその心ばせがまったく違う。君子は事に臨んで、それがはたして正しいことか、道理に合っているかということを考え、それを行動の判断基準とした。すなわち道義に従って行動した。これに反して小人は常に私利私欲を考え、万事につけて利害を目安に行動する。すなわち利益にさえなれば、たとえそれが道義に反することでも、いっさい無頓着だ。

このように同じ物を見、同じ言葉を聞いても、君子はこれによって道義を行なおうと思い、小人はこれによって儲けようと思う。その思想には天地の差が生じ、その行為もまた雲泥の差が出てくるのである。

私はどんな事業を起こすにあたっても、またどんな事業に関係する時でも、利益本位には考えない。この事業こそは起こさねばならない、この事業こそは盛んにしなければならないと決めれば、これを起こしこれに関与し、あるいはその株式を所有することにする。私はいつでも事業に対するときには、まず道義上から起こすべき事業であるか盛んにすべき事業であるかどうかを考え、損得は二の次に考えている。

事業を新たに起こし、またこれを盛んにするには、たくさんの人から資本を集めなければならず、資本を集めるには、事業から利益があがるようにしなければならないから、もとより利益を度外視することは許されない。利益があがるようにして事業を起こし、事業を盛んにする計画を立てなければならないが、事業は必ず利益をともなうものとは限らない。

利益本位で事業を起こし、これに関与し、その株を持ったりすれば、利益のあがらない会社の株は、これを売り逃げしてしまうようになって、結局必要な事業を盛んにすることも何もできなくなるものである。

だから私は国家に必要な事業は利益のいかんを問わず、道義に従って起こすべき事業ならばこれを起こしその株も持ち、実際に利益をあげるようにして、その事業を経営していくべきだと思っている。私は常にこの精神で種々の事業を起こしこれに関与し、またはその株を持っているので、この株価は上がるであろうからと考えて、株を持ったことは一度たりとてない。

12 その気になれば"恩師・恩書"に困ることはない

子《し》曰《いわ》く、賢《けん》を見ては斉《ひと》しからんことを思い、不賢《ふけん》を見ては而《しか》して内《うち》に自《みずか》ら省《かえり》みるなり。［里仁］

他人の言動を見て、それをすべて自分を磨く手本にせよ、という意味である。つまり賢い人を見れば、自分もその賢い人のように徳を修めて、これと同じようなすぐれた人になろうと努力し、自分より劣った人や愚かな行動を見れば、自分もそういう短所がないかと自ら反省すべきである。こうすれば、世の中の賢人も、不賢人もすべて自分にとっては先生である。

なお一歩進めていえば、古典を読んで古代の賢人不賢人を見ることも、自分を磨くよい材料である。他人のすぐれたところをうらやみねたんだり、愚かさをあなどったりするのは愚の骨頂である。

13　自分で振り出した"手形"は必ず自分で落としておけ

子《し》曰《いわ》く、古《いにしえ》は言《こと》をこれ出《い》ださざるは、躬《み》の逮《およば》ざるを恥じてなり。
［里仁］

昔の人は実践を重んじて、できないことは口にしなかった。そして言葉をつつしみ人を批評せず、自分の志をむやみに表明しなかった。これは「言うは易く行なうは難《かた》きもの」だからである。もし自分の行動が言葉に追いつかなかったら、これほど恥ずかしいものはない。ところが今の人はこれを恥とせず、放言放論してはばからず、行動がまるでだめである。

孔子の時代にすでにこの放言の悪習があり、以来二千余年を経た今日にいたっても、世界各国言論の世となり、言葉の責任を尊ぶとはいいながら、はなはだしく乱れている。これでは言論の権威は失われ、人の信用を得ることはできない。

やはり孔子の言うように、自分で実行できないことは口に出さないようにしたらよい。口先だけの人はいやしく実行の人は尊い。これは昔も今も同じである。

14 思い切って投資できるものがあってこそ倹約も生きてくる

子《し》曰《いわ》く、約《やく》を以《もっ》てこれを失《しっ》する者は鮮《すくな》し。［里仁］

何事をするにしても、心を引きしめてつつましやかにやれば失敗は少ない。

一家でも一国でも、その経営すべき事業に節度とつつましさがなくてはとても成功するものではない。

私は元来倹約を旨として機会あるごとに倹約の大切さを説いているが、近年は文化の名のもとに虚礼虚飾に流れ、大地震前の東京市中の奢侈《しゃし》は目にあまるものがあった。

これについてエピソードを一つ紹介しよう。

大正十一年七月十一日の晩、東京丸の内の工業倶楽部で、新内閣の大臣の招待会があった。加藤友三郎首相をはじめ各大臣次官が来て、私もホストの一員として出席したが、その席で加藤首相の挨拶があった。

「今夜はご招待により参席しましたが、ご馳走の皿数も少なく、万事倹約に心を用いられているのはまことに喜ばしい。皿数は少なくても、歓待してくださる気持ちが厚いから、われわれは快くご馳走になる。今後もお互いに倹約を守り、宴会も今夜のように質素にし、贅沢《ぜいたく》に流されないようにしたいものである。

はなはだ差し出がましい申し分であるが、皆さまは表面はこのように質素にされていても、裏では山海の珍味をならべているようなことはありませんか。そんなことのないようお互いに大いに戒めて、質素の習慣を養いたい」

あまりのケチゆえに自分の首まで締めてしまった江戸大名の話

私は主人側を代表して答辞を述べた。

「ただいまの加藤総理のお言葉はわれわれにとってまさに頂門《ちょうもん》の一針である。世間には表に木綿《もめん》を用いて、裏に絹を用いるような人もいる。あるいは一双の屏風《びょうぶ》に数十万円を投じて喜んでいる人もいる。たんに高価なものをもって豪奢を誇るのならば、大いに慎しまねばならない。

だが一歩進めていえば、倹約ということはただ物を節約するという消極的な一方ではよろしくない。

昔、江戸の大名に倹約主義の人がいて、諸事万端節約を旨として、その実行に心をくだいた結果、まず家来を廃し、女中を廃し、犬や鷹の飼育をやめ、最後は自分一人となったが、あげくのはて、自分自身が生きていることも無用なものであるという結論に到達して、ついに自分も死んでしまった。

倹約は大事なことであるが、この大名のように万事消極的では何事もできない。経費を節約することはもちろん必要であるが、同時に国家として重要な意味をもつ事業に対しては、大いに積極的でなければならない。

わが国は農業を根幹としているから、開墾その他農業の助成保護に出費を惜しんではならない。工業にしても欧米にくらべれば、進歩が遅れてすべて模倣であり追随であって、一つとして超えたものがない。

理化学方面でも進歩がひどく立ち遅れており、一つとして独創を誇るものがない。理化学研究所が設けられたが、その設備規模はヨーロッパの万分の一にすぎない。

こんな状態であるのに、これに対して倹約主義で臨んではならない。私は倹約であると同時に、必要な事業には大いに積極的でありたいと思う。

そしてこれこそが真正の倹約というものであると信じている」

倹約・節度は国家でも会社でもまた一個人でも必要な美徳であるが、極端に走るのはよろしくない。

15 腰の重いのは困るが口が軽いのはなお困る

子曰《しいわ》く、君子《くんし》は言《こと》に訥《とつ》にして、而《しか》して行《おこな》いに敏《びん》ならんことを欲《ほっ》す。
［里仁］

これは［子路篇《しろ》］にある「君子はこれを言えば必ず行うべきなり。君子はその言において苟《いやし》くもするところなきのみ」の項と同じ意味あいである。

君子は弁論を商売とする人間ではなく、言葉よりもまず実行を本分とする。自ら実行できないことをベラベラしゃべり立てたところで、その弁舌には何の権威もないではないか。弁論の権威はこれを自分の身体で実行してみせることによってはじめて生じるのである。一言一句をも軽々しく発せず、言う以上は必ずこれを実行するということである。

言論に権威がなくなってしまえば、熱弁を振るって千万言を費やしても、世間に何の利益ももたらさない。しかし現代は日本も欧米諸国と同じように言論を重んずる風潮となった。大衆の意見を集めて政治を取り行なう時代となり、人の説を聴くにも、自分の意見を述べるにも、言論に頼らざるをえない。政治や社会に関してそれぞれ意見があっても、関係者以外はいっさい口出しするな、弁論はすべて無用であるというふうに本項を解釈してはいけない。社交の円満のためには、愉快に談話し合う必要もあろう。自分の意見を世に発表するためには、雄弁を振るう必要もあろう。

孔子が弟子に訓戒した精神は、駄法螺《だぼら》を吹いてはならぬ、大切なことは弁舌でなくて行動である、不言実行こそ肝要だということにある。

16 ここぞのとき"人徳"ほど雄弁なものはない

子曰《しいわ》く、徳孤《とくこ》ならず、必ず隣《りん》あり。〔里仁〕

人は天性において美徳を好むものである。だからその身に徳のそなわった人は、けっして他人から排斥されて孤立無援となるようなことはない。同志同道の人は自然と集まり、ちょうど家に隣家があるように助け合うものである。

昔、名君の大舜《たいしゅん》に徳のある名臣が五人いて、無為無策のままでよく国が治まり、その住まいの近くには移住してくる人多く、たちまち市をなして繁昌するようになったと伝えられる。

わが国では、弘法大師が高野山を開いたときには、もとは無人の野であったが、そこに多数の僧俗が集まってきた。足尾銅山でも小坂銅山でも、元来人跡未踏の深山だったが、その山から銅が産出されるということで、たちまち繁昌するようになった。これは大衆が利のある所へ蟻《あり》が甘いものにつくように群らがり来るのであるが、徳の高い人がいれば、有形の物質を求めて人が群集するように、その無形の徳に共鳴し、その人物を慕って人々は集まってくる。けっして高徳の人が孤立無援の地に立つということはないものである。

近江聖人といわれた中江藤樹《とうじゅ》の住んでいた高島郡小川村へは、その徳を慕い諸方より寄り集まって来た人が多く、また二宮尊徳が奥州相馬の中村にいたときも、その徳を慕って他国からたくさんの人が集まってきたものである。

また九州の豊後《ぶんご》日出《ひじ》に帆足万里《ほあしばんり》という大徳の学者がいた。年老いて南畑村の目刈《めかり》という田舎の山中に隠居したが、四方の学徒が雲のように集まり、それぞれ勝手に先生の住居のかたわらに家を建て次から次へと建て続けてついに一大塾となり、その塾を西崦《せいあん》塾といった。

門人から西崦先生と尊称され、米良《めら》東嶠《とうきょう》・岡松甕谷《おかまつおうこく》・中村栗園《なかむらりつえん》・元田《もとだ》竹渓《ちくけい》・勝田《かった》季鳳《きほう》・関《せき》蕉川《しょうせん》・野本白岩《のもとはくがん》・毛利《もうり》空桑《くうそう》というすぐれた弟子がその門から出た。

「徳孤ならず、必ず隣あり」という実例は、この三先生においてこれを立証してあまりがある。

17 「ほどほど」の頃合いを間違えると命取りになる

子游《しゆう》曰《いわ》く、君《きみ》に事《つか》えて数々《しばしば》すればここに辱《はず》かしめられ、朋友《ほうゆう》に数々すればここに疎《うと》んぜらる。〔里仁〕

主人に仕えるにも、友人と交わるにも、物には「ほど」というものがあり、これを礼という。もしその「ほど」を過ぎて主人にうるさくすれば、自分では誠心誠意尽くしているつもりでも、かえってうるさがられて辱《はずか》めを受けることにもなる。友人と交際するにもうるさくつきまとえば、自分では親切のつもりでも、これまたうるさがられて敬遠されてしまう。

かの荘周《そうしゆう》が、

「君子の交わりは、淡きこと水のごとし」

と言っているが、たいへん味わいのある名言である。

こんなわけで私は、きわめて親密な人だとか、または若い青年は別として諫言《かんげん》苦言を呈しても効果のなさそうな人には、めったに諫言苦言を言わないことにしている。人がやっきになって主張している議論などで、自分が賛成できない場合には、いっさい自分の意見がましいことを述べず、これを黙殺している。

私の多年の経験によれば、自分と処世の流儀が全然違う人に対しては、どれほど自分の意見を述べて同意させようとしてみても、それは聞き入れられるものでなく、無駄な努力に終わる。釈迦《しやか》も「縁なき衆生《しゆじよう》は度《ど》し難し」と言っている。

しかし、あまり早々と見切りをつけるのもよくない。縁が切れてしまえば、いかに主人に欠点を改めさせよう、友人の欠点を矯正してやろうと思っても、不可能である。絶交してしまったりするよりも、その関係を絶たぬようにしていれば、長い歳月のうちには、よい機会があって多少なりとも、アドバイスできることもあるものである。けっして短気を出すべきものではない。

5

【公冶長篇《こうやちょう》】

〝一時の恥〟にこだわって自分を小さくするな

1 〝口〟の清い人、〝情〟の清い人、〝知〟の清い人

或《ある》ひと曰《いわ》く、雍《よう》や仁《じん》にして佞《ねい》ならずと。子《し》曰《いわ》く、焉《いずく》んぞ佞《ねい》を用《もち》いんや。人に禦《あた》るに口給《こうきゅう》を以《もっ》てすれば、しばしば人に憎《にく》まる。その仁を知らざるも、焉《いずく》んぞ佞《ねい》を用いんや。［公冶長］

本項は弁舌（佞《ねい》）を過大評価してはならないことを教えている。当時の人は弁の立つ人を賢者のようにもてはやした。そして雍《よう》（仲弓《ちゅうきゅう》）が寡黙なのを見て、

「彼は仁者ではあるけれども、弁が立たないのは惜しいことである」

と評した。

孔子はこれに対して、

「どうして弁が立つ必要があろう。いたずらに口先のうまさで世をわたれば、一時的に成功することもあろうが往々にしてこれがために人に憎まれるだろう。雍が仁者かどうか私は知らないが、弁舌が立たないことは、かえって美徳であり、けっして短所ではない。どうして弁が立つ必要があろう」

と人々を戒めたのである。

仁は徳の中心であり、基本である。孔子は［憲問篇］でも管仲が斉の桓公をたすけ、諸侯を統一して兵馬を用いさせるようにしたのが仁であると説いている。また［雍也篇］でもひろく民に施して大衆をすくうのが仁であると言っている。

仁者はその言行が親切で、言葉やさしく、自分の意見を述べるときも穏《おだ》やかに説明して、たいへん人あたりのよいものである。だから仁者は往々にして弁舌の徒のように誤解されたり、反対に弁舌で世渡りしている人が、いかにも仁をそなえた人であるかのように見られたりすることがある。

ところが弁舌の徒はその胸底に一物があり、私利私欲をとげるために他人に取り入り、表面を取りつくろい、人の意見に付和雷同して味方をつくり、自分の欲望をとげるのに邪魔になる人を陥れようとする。

明治維新後の岩倉具視《ともみ》などは、策略を用いたが、けっして口先だけの人ではなかった。知恵は深かったが、その知恵は公明で、すこしも私利私欲をともなわず、純粋無垢のものであった。三条実美《さねとみ》を〝情〟において清かった人とすれば、岩倉は〝知〟において清かった人といえるであろう。

2 ときに"頭の走りすぎ"が致命傷になる

子《し》、子貢《しこう》に謂《い》うて曰《いわ》く、女《なんじ》と回《かい》や孰《いず》れか愈《まさ》れると。対《こた》えて曰く、賜《し》何《なん》ぞ敢《あえ》て回を望まんや。回や一を聞きて以《もっ》て十を知り、賜《し》や一を聞きて以て二を知るのみ。子曰く、如《し》かざるなり。吾《われ》、女《なんじ》と与《とも》に如《し》かざるなり。［公冶長］

孔子があるとき子貢に、

「顔回とおまえといずれがえらいだろうか」

と質問した。子貢は、答えた。

「私などとても顔回に及びません。顔回は一を聞けば十を悟るが、私は一を聞いて二を知るにすぎず、とても比較になりません」

これを聞いた孔子は、子貢が自分をよくわきまえていると深くよろこび、

「いかにもそのとおりで、おまえは顔回にはかなわない。おまえだけでなく私もおまえと同じで、顔回には及ばない。いまおまえが自ら及ばないことを知って、これを明言するところにお

まえのえらいところがあるのだ」

とほめた（回は顔回、顔淵のことで、賜は子貢のこと）。

一を聞いて十を知る顔回は、頭脳がすこぶるよく働く人で、こういう人は世に少ない。一を聞いて二を知る子貢のような人も、なかなかいるものではない。ふつうの人は一を聞いて一を知れば上等である。その一さえ理解できない者もいる。

一を聞いて十を知るほどの人はとびきり賢明で、それが学問上のことに止まればよいのだが、処世上ではいちがいによい性分であるともいえないものである。

抜群の明察力がかえって致命的欠点となった陸奥宗光

私を一橋家に推挙して慶喜《よしのぶ》公に仕えるようにしてくれた人は平岡円四郎という人であるが、この人は実に一を聞いて十を知り、眼から入って鼻に抜けるぐらいの明察力があった。来客があるとその顔色を見て、何の用向きで来たということを、即座に察知するほどであった。こんな明敏の人は、あまりに先が見えすぎて、とかく他人の先回りをするから、自然他人に嫌われ、ひどい目にあったりするものである。平岡が水戸浪士のために暗殺されたのも、明察にすぎて、あまりに先が見えすぎた結果ではなかろうかと思う。

外務大臣となって条約改正に功績のあった陸奥《むつ》宗光《むねみつ》も、一を聞いて十を知る機敏な頭脳をもっていた。彼も平岡と同じように物事の一端を見聞しただけで、それからそれへと思考をめぐらせ、事前に見通せる才知の持ち主だった。だが金力と権力を好み、大丈夫の志がなかったように思える。そして自分の才知にまかせて相手を圧迫して、人をしのぐような傾向があった。このために他人から嫌がられたようだ。彼が明治十年に国事犯となったのも、あまりに先回りがすぎたからであろう。

水戸藩士藤田東湖《とうこ》（勤王派の儒学者）の息子藤田小四郎もまた明敏な人であったが、二十四歳で武田耕雲斎《こううんさい》とともに慶応元年二月死刑となった。私が小四郎と会ったのは彼が二十二歳の時であった。私は小四郎に、水戸藩は徒党を組んで骨肉を争う醜態があり、また桜田門外の変のように幕府の要職にだけ反抗して、幕府制度そのものへの攻撃が手ぬるいことなどを論じた。

小四郎は一を聞いて十を知る鋭敏の人であったから、私がまだ質問するまえに、早くも私の聞こうとしていた事柄を察知し、先回りして一つひとつこれを列挙し、水戸と幕府との関係はかくかく、長州との関係はしかじかと、明細に説明したものである。私はその明敏さに驚いたが、この人も最後を全うできなかった。

3 どんな名木でも〝朽木〟に彫刻はできない

宰予《さいよ》、昼寝《ひるい》ねたり。子《し》曰《いわ》く、朽《くち》たる木は雕《ほ》るべからざるなり、糞土《ふんど》の牆《かき》は杇《お》すべからざるなり、予《よ》においてか何《なん》ぞ誅《せ》めんやと。〔公冶長〕

孔子は、弟子の宰予《さいよ》の昼寝を見て言った。

「学問を修めるには、志が堅固で気力にあふれていなければならない。そうでなければ教えを受ける資格はない。たとえば、くさった木には彫刻をすることができず、堅くないごみ土で築いた土塀には、こてでその上塗りをすることが難しいのと同じだ。

宰予《さいよ》は真昼に寝室に入って寝るような怠け心の持ち主だから、教えてもしかたない。叱ったところでむだだ」

これは、その実は深く責めて奮起させようとして言ったものである。

4 孔子自身が苦い体験からつかんだ人物鑑識法

子曰《しいわ》く、始めは吾人《われひと》におけるや、その言《こと》を聴《き》きてその行《おこない》を信ず。今は吾人《われひと》におけるや、その言《こと》を聴きてその行《おこない》を観《み》る。予《よ》においてかこれを改《あらた》むと。〔公冶長〕

本項は宰予《さいよ》の言行不一致を責め、そして人物の観察法を述べたものである。

前出の宰予は孔門十哲の一人で、言語弁舌にかけては非凡な長所があったとされた人である。宰予は口ではいつも立派なことを言っているのに、実行がこれにともなわず、「白昼に寝室（ただ昼寝をしていただけでは、孔子もそんなに怒るはずがなく、女といっしょに寝ていたのかもしれない）に入るなど、言語道断、言行不一致だ」と孔子を嘆かせた。

そして、「私はこれまでは宰予のような立派な言論を聴けば、その行動も必ず言論のように立派なものであろうと信じたけれども、いま宰予の言行不一致なのを見るにつけて、大いに悟るところがあった。今後はその人の言葉を聴いたら、さらにその人の実際の行動をとくと見届けたあとで、人物を判定することにしよう」
と結論を出した。要するに、口ばかり達者で行動がこれにともなわない人が多いことを嘆いたのである。

生半可な〝才人〟十人よりは一人の鋭い〝人物鑑識者〟

大事業に成功する人は、自分の腕前よりも人物鑑識眼をもっていることが必要である。一個人の才能はどんなに非凡でも、その力に限界があるものである。何もかも一人でさばけるものではない。

人物をよく鑑別する眼さえあれば、部下に優秀な人材を集めることができるから、自分だけで頑張るよりも、はるかに好成績をあげることができる。人には一長一短があるから、これを鑑別して適材適所に配置すれば、どんな大事業でも成就できる。

非凡な才能をそなえた人で、案外人物の鑑識眼にとぼしい人が少なくない。前述の平岡円四郎や陸奥宗光もこの類の人といえる。陸奥が交際した人や登用した人は、必ずしも善良誠実の人ばかりではなかった。

一方、井上馨は元来感情家であったけれども、人物を鑑別する際には、けっして感情に駆られず、人を用いるには、まずその人物の善悪正邪を厳しく識別して、それから登用していた。

だから弁舌の徒を仁者であると思い違えてこれを重用するようなことはけっしてなかった。

5　本当の〝剛《ごう》の者〟の欲のかき方

子曰《しいわ》く、吾《われ》、未《いま》だ剛者《ごうしゃ》を見ずと。或《ある》ひと対《こた》えて曰《いわ》く、申棖《しんとう》かと。子曰く、棖《とう》や慾《よく》あり、焉《いずく》んぞ剛《ごう》を得んやと。［公冶長］

欲心のある者は剛者といえず、欲心のない者こそ勇気があることを説いたもので、孔子は、「剛と欲とは似ているようでまったくの別物で、真の剛者・勇者は得がたいものだ」と嘆いている。

欲というのは、必ずしも金品の欲だけでなく、趣味嗜好のゆきすぎたものも、みなこれを欲という。欲のある者は真正の勇気にとぼしく、無欲恬淡《てんたん》の人にしてはじめて真正の勇者・剛者となりうる。

孔子のような無欲の人の眼から世間を見れば、名誉に走り、利殖にまどい、あるいは容色におぼれたり、書画骨董《こっとう》にふけるなどはすべて欲心の領域で、勇気のない弱虫に見えたものだろう。それゆえ「吾いまだ剛者を見ず」と嘆いたものと思われる。

この嘆きに対し、ある人が、

「お弟子の申棖《しんとう》ならば剛者といってもよいのではないか」

と言うと、孔子は、

「いや、申棖は欲心が深いから見たところ剛《つよ》そうでもだめだ」

と答えた。欲心があると、名利で誘われればすぐに誘惑されて、正義の上に立って強剛にふんばることができないものである。欲の深い人は利のためならば身を殺すこともかえりみないので、一見すこぶる剛に似ているが、誘惑や威嚇に弱い大きな弱点がある。

換言すれば、強欲の人ほど不義に対して弱いものはなく、無欲の人ほど正義に対して剛《つよ》いものはないのである。欲の強い人は快楽によって誘われ、また苦痛によっても誘われるものである。

どうして欲の深い者はこのように苦楽に対して弱いかというと、欲が深いとどうしても人に求めるところが多く、人に求めるところが多いと、どうしても剛《つよ》く出られないことになるからである。

6 〝上には必ず上がある〟と思う頭の低さが成長のバネに

子《し》貢《こう》曰《いわ》く、我《われ》、人の諸《これ》を我《われ》に加うることを欲《ほっ》せざるなり。吾《われ》もまた諸《これ》を人に加うるなからんと欲すと。子《し》曰《いわ》く、賜《し》や、爾《なんじ》の及《およ》ぶ所にあらざるなり。［公冶長］

［顔淵篇《がんえん》］で孔子が説いた「己の欲せざるところは、人に施すことなかれ」という教訓と、本項とはほぼ同じ意味のようにも思われるが、自分のしてほしくないことを人にしないというくらいのことならば、未熟な私にでも経験からいって、それほど難しいことのようには思われない。

「わが身をつねって他人の痛さを知れ」という諺《ことわざ》のとおりで、少し情のある人なら、他人の身をつねるようなことはしない。これは誰にもできることである。

しかし、孔子が十哲の一人である子貢に向かい、

「賜《し》や、おまえの及ぶところでない」

と言ったのを見れば、子貢が、

「私は、人が私にしてほしくないことは、私もまたこれを人にしかけないようにしたい」

と言ったところと、孔子の説いた、

「己の欲せざるところは、人に施すことなかれ」

とは、その意味において異なるところがあるようだ。

己の欲せざるところは人に施さないということは、「恕《じょ》」の道であり、少し自制心があれば、容易に実行することができよう。これは自己を主眼とするから行ないやすいのである。

これに反して、

「我、人のこれを我に加うるを欲せざるや、吾もまたこれを人に加うるなからんと欲す」

ということは、人格の高い仁者でなければ、できない業《わざ》である。これは他人を主眼とするから行なうのが難しいのである。この両者の間には「恕」と「仁」との差があることを知らなければならない。

むかしから「情《なさけ》に手向かう刃《やいば》なし」という語があるように、真の仁者に対しては、どんな無理非道の人でもこれに攻撃を加えることをためらうものだが、このような仁徳を身にそなえた賢者でもないのに、他人からの攻撃を無視することはできない。

子貢は孔子より三十一歳も若く、まだ徳も完成していない。しかしその資質は聡敏《そうびん》で、才能も弁舌も他人よりはるかにすぐれている。それでも、口では容易に言えるが、行動がともなわない点もあり、これを深く戒めたものである。

「仁者敵なし」の境地に至るのは容易なことではない。

7 〝耳の大きな人間〟に大きな失敗はない

子路《しろ》聞くことありて未《いま》だこれを行《おこな》う能《あた》わずんば、ただ聞くあらんことを恐る。〔公冶長〕

子路は勇気に富み、実行力もあった。だから善言を聴いたら、必ずこれを身をもって行動にうつした。その実行に努力するあまり、以前に聞いたことで、まだ実行できてないときは、さらに新しいことを聴くことを恐れ心配した。

これは博聞よりも実践を重要視すべきことを説いているのであって、実行できないことにけっして耳を傾けるなという意味ではない。たとえ実行できなくても善言は聴くべきだといっているのである。

世間にはよろこんで他人の言葉を聴く人と、自分ばかりしゃべって他人に聴かせる人と二種類ある。

大隈重信などは、人の言を聴くよりも、人に自分の言を聴かせるほうであった。せっかく彼に意見をもって訪問した人でも、たいていは言い出せず、ご意見拝聴して帰ってくる人が多かった。だから私は、ぜひとも大隈に聞いてほしいことがあるときは、談話に入る前に、「今日はかくかくの用件で参上したのであるから、まず私の話をお聴き取り願いたい、ご高見はそのあとからおうかがいします」と、前もって約束しておいて、それから用談にとりかかったものである。

これに反して自分の言を他人に聴かせようとせず、他人の言をよく聴こうとしたのは山県有朋である。彼は容易に自分の意見を吐露《とろ》せず、常に他人の意見を聴こうとする人であった。伊藤博文は、大隈と山県との中間で、よく人の言を聴き、またよく自分の言を人に聴かせたものである。つまり聴きながら聴かせた人であるといってよかろう。

西郷兄弟はいずれも言葉が少なかった。弟の従道《つぐみち》は一種の才徳をそなえていた。よく他人の言を聴いていて、ヒョイとその言葉をとらえて「よか頼む」と、呵々《かか》大笑するなど、物にとらわれず万事を手軽くとりさばいた。どんな大事に臨んでも少しも屈託の色を見せない人であった。これという学問があるでもなく、いちじるしい手腕があるというわけでもなかったが、長いあいだ重要な地位を占め、元勲の間に重んじられたところをみても、ふつうの人の及ばない大きさがあったのであろう。不言実行家の一人であった。

8 〃一時《いっとき》の恥〃にこだわって自分を小さくするな

子貢《しこう》問うて曰《いわ》く、孔文子《こうぶんし》何を以《もっ》てこれを文《ぶん》と謂《い》うやと。子《し》曰《いわ》く、敏《びん》にして学を好み、下問《かもん》を恥じず。これを以てこれを文と謂《い》うなり。

〔公冶長〕

周の時代には、人が死んで葬るときに諡《おくりな》をして名をかえた。行ないのよい者にはよい諡を、行ないの悪い者には悪い諡をつけた。ここに出てくる孔文子（孔圉《こうぎょ》が本名で、文は諡）は、行ないがよくなくて、評判が悪かった。

孔文子は実の娘孔姞《こうきつ》を完全に政治的な「道具」として使い、二度も政略結婚をさせた道義心の欠落した非常識な人間である。

それなのに、こんな人物に「文子」という立派な諡があるのはおかしいと、子貢は孔子にこの質問をしたのである。

なるほど孔文子はその行ないに非難すべき点があったが、孔子は人の長所は無視せず、公平な観察を下す人であるから、子貢に次のように答えた。

「たとえ孔文子にはなはだよくない点があるにもせよ、賞揚すべき長所もある。つまり天性明敏な人は、多くは才をたのんで学を好まないが、彼は明敏でありながら学を好み、地位の高い人は、一般に驕慢で人に教えを乞うことを好まないのに、彼は一国の高官でありながら、身分の低い人に質問することを恥じない。

この二つの善行は諡法《しほう》（諡をつける法）の『学を勤め問を好む』という資格にふさわしい。それで『文』をおくられたのだ」

『詩経』にも「葑《ほう》を采《と》り菲《ひ》を采る。下体《かたい》を以《もっ》てすることなし」（葑は青菜、菲は大根、青菜でも大根でも味のよい上の部分をとらずに苦い下のほうをとってはいけない。人間も同じである、の意）という。いやしくも一つよいところがあれば、それを取り上げるべきである。今の若い人には、人の批評をする際にはこのことをよく注意してほしいと思う。

下問を恥じずとは、ひらたくいえば、自分の知らないことは誰にでも尋ねるという意味にほかならない。こんなことはなんでもないようであるが、さて虚心坦懐に、知らざるを知らずとして、自分より下位の人に教えを求めるということは、実際容易にできるものでない。たいていの人は、知らざるを知らずとせず、知ったふりをする。下問を恥じない境地に達するのは、よほどえらい人でなければできないことである。

かの蜀《しょく》の玄徳《げんとく》が三たび孔明をそのあばら家に訪れて教えを請い、漢の高祖が張良《ちょうりょう》を重用して下問することをよろこびとしたり、宋の太祖が趙普《ちょうふ》という『論語』に造詣の深い学者のもとにしばしば出向いて教えを受けたり、さすがに大業を成就した大人物にしてはじめてこれをなしうるのである。

大きな人物ほど「下問」を恥としない度量がある

明治維新の元勲の中では、木戸孝允もまた下問を恥じずという徳をそなえた人で、好んで人の言を容れた。あるとき大蔵省勤務の那珂通高《なかみちたか》を太政官に採用するに当たって、その人物について私の意見を聞くため、参議という高官みずから大蔵省の一小役人の私の湯島天神下の住まいまでわざわざ訪ねてきたことがある。下問を恥としない度量があった証拠といってもよかろう。おのれをむなしうして人の言を容れ、下問を恥じないのは高官中第一といえる。伊藤博文などは何事にも自分がいちばん偉いと思う慢心があって、下問を恥じないという徳はなかったように思われる。

一方、下問を恥じて向上心を喚起することもある。他人に頭を下げて、自分の知らないことを尋ねるような人間になりたくないと思えば、おのずと学問にはげみ、知識を広くし、思慮を周到にするようになるものである。この意味では、下問を恥じることは、たしかに人を向上させる動機になるのである。いやしくも下問を恥じるくらいの精神があれば、自ら修養して怠らず、大いに奮起するところがなくてはならない。下問を恥じながら、自ら修養もしないような人は、とうてい発展の見込みはない。

9 どんな場合でも一〇〇パーセントの成功を保証する〝四つの徳〟

子《し》、子産《しさん》を謂《い》う。君子《くんし》の道四つあり。その己《おのれ》を行《おこな》うや恭《きょう》。その上《かみ》に事《つか》うるや敬《けい》。その民《たみ》を養うや恵《けい》。その民を使うや義《ぎ》。〔公冶長〕

孔子は鄭《てい》の子産という人物について、次のように批評した。
「子産の行ないは君子の道にかなうものが四つある。自分自身の行ないはあくまでつつしみ深くてたかぶらず、主君に仕えるには尊敬を旨として礼を失わず、人民を養うのには恩恵をほどこして無理をせず、国家の仕事に人民を使用するときには、農閑期をあて、かつ公平にして不平不満が出ないようにした」

このように恭・敬・恵・義の四つの徳をそなえていれば確実に君子人である。孔子は子産の徳の大きいもの四つをあげて称賛したのである。

人は堅く恭敬の精神態度を保ち、他人に交わり世に対処するようにしなければ、世間は受け入れてくれない。世間が受け入れてくれなければ、世に立ち事業に成功することはできない。若い人に強く望むのは、行動が乱暴に流れず、生活が放縦にわたらず、言語も粗野にならないようにすることである。

私についている唯一の「馬鹿」

私は片田舎の農家出身のためでもあろうが、幼少から恭敬の態度に馴れていて、人に対して粗暴な態度に出ることができず、言葉づかいもいたって丁寧にしており、八十五歳の今日でも変わらない。人から渋沢の馬鹿丁寧といわれておるが、これが慣れっこになっている。

近頃流行の言葉に「敬虔《けいけん》」というのがあるが、孔子のこの「恭敬」はすなわちこの「敬虔」と同意義である。恭敬は軽蔑の反対である。なにびとに対してもまた何事に対しても、鼻の先であしらわず、慎重に振る舞うのが、すなわち「恭敬」である。人に対して恭敬の気持ちがない人は、事に対しても必ず恭敬の気持ちがない。恭敬の気持ちがない人は、気持ちを一つに集中することができず、注意が散漫で物事が成就しない。これに反して恭敬の気持ちが強い人は、精神統一、集中力をもって事業を成し遂げる。

10 自分の敵を絶対につくらない処世上の最重要ポイント

子《し》曰《いわ》く、晏平仲《あんぺいちゅう》善《よ》く人と交わり、久《ひさ》しうしてこれを敬《けい》す。［公冶長］

孔子が晏子《あんし》（晏平仲）の交友の正しさを称賛している。晏子も春秋時代の賢宰相であるが、どれほど長く人と交際しても、けっしてこれに馴れ親しむことなく、常に恭敬の気持ちを他人に対して失わなかった。長年の交友に馴れてしまわず、尊敬の念を失わぬようにしていくことは、処世上最も必要なことである。

私と大隈重信とは明治二年からの交際で、彼の死去までほとんど五十二年間に及ぶ。その間には私にも不行き届きのことがあったろうし、また彼の方にもよろしいことばかりであったというわけでもないが、事情がわかればすぐに誤解が解けてしまい、五十二年間、変わることなく友好が保てたのは、私が交際に馴れて大隈に敬意を欠くようなことをせず、彼もまた私に対して敬意を失うようなことをしなかったからである。

本当の「敬意」は人と人との間に適切な距離をつくる

第一銀行頭取佐々木勇之助は、旧幕臣で五千石の旗本浅野美作守《みまさかのかみ》の家来にあたる人の息子で、明治六年私が第一銀行を開設した際に、政府の為替《かわせ》金《きん》を取り扱う御用方へ、算筆《さんぴつ》（経理）の担当として入って来た人である。

当時第一銀行員は四十五名で、中には学校出身者もいたが、佐々木はその間に立って敏活に働き、また精勤の資質をそなえたいへん好成績をあげていたから、私は多数の行員の中で特に佐々木に眼をつけていた。

彼は珠算にかけては独特の技倆をもっていた。銀行の実務を行員に訓練させるため招いた、元横浜の英国銀行の書記シャンドが筆算の効能をあげて珠算の不利を説いたとき、論より証拠だ、勝負してみようと、シャンドの筆算と佐々木の珠算と競争したが、佐々木が勝った。シャンドは、珠算は読み手と算手《おきて》と二人がかりだから勝つのが当然だと負け惜しみを言った。

このように珠算が達者で事務は敏捷で、そのうえに勤勉家であるから、シャンドについて洋式簿記法を習わせ、その成績も上がったので帳簿課長にした。その後の成績もよかったから支配人心得に昇進し、さらに支配人となり、明治二十九年取締役兼総支配人に選任、大正五年私が頭取を辞めるときに私に代わって頭取になってもらった。

私と佐々木とは、明治六年以来四十余年間交情にいささかの異変もなかったのは、お互いに尊敬し合って礼儀を守ったからであろう。

11 考えすぎる人に「棚ぼた」はない

季文子《きぶんし》三たび思い而《しか》る後《のち》に行《おこな》う。子《し》これを聞きて曰《いわ》く、再びすればこれ可《か》なり。［公冶長］

魯《ろ》の国の家老季孫行父《きそんこうふ》（季文子）はいたって思慮深い人だった。季文子が晋《しん》に招かれて行くことになり、喪《も》に使う礼服を求めて持参した。その訳を尋ねられて、文子は答えた。

「不慮《ふりょ》にそなえるということは古えの善い教えだ」

はたして、晋の嚢公《じょうこう》が亡くなったのでその用意の甲斐があったと思えた。このように思慮深い人は、物事の判断がおそく優柔不断で、容易に事を決め難いものである。

孔子はこれを聞いて批評した。

「物を思慮せずに行なうことはもとよりいけないことだが、季文子のようにとつおいつ考えすぎるのもいけない。過ぎたるはなお及ばざるがごとし。果断にとぼしければ、時機を逸することが多い。再考ぐらいでちょうどよい」

物事には緩急があって、三回思案してもなお足らず、五思十思しなければならないこともある。反対に再考の必要なく、すぐさま実行しなければならないこともある。たとえば子供が井戸に落ちそうなのを見たら、無条件にこれを救うために駆けつけなければならない。これが人の道である。救うべきかどうか考慮する余裕はない。近所の交番に駆けつけるのも考える暇などない。これを知ったらすぐさま行動しなければならない。その心がけは平常から養っておかなければならないものである。しかし、一国の大事とか一身の将来に関する問題とかということになれば、考慮に考慮を重ね千思万考の結果これを決めるべきである。

いざというときの秀吉と勝家の決断力の差

勇断果決ということは、大人物にしてはじめてこれをなしうるもので、凡人がへたに真似るととんでもない失敗を招く。わが国で決断が明快でしかも道を誤らなかった大人物は、戦国時代の羽柴秀吉、泰平の時代では水戸光圀、近年になっては徳川慶喜《よしのぶ》であろう。

秀吉の明断果決は、二十歳で遠州の松下嘉平治《かへいじ》に仕え、大いにかわいがられていたにもかかわらず松下に見切りをつけ、織田信長を見込み織田に仕えたのを見てもわかる。そして信長に勧めて当時東海道第一の今川義元を桶狭間に奇襲して倒したのもすぐれた果断である。

一生を通じてもっとも明快なる決断力を発揮したのは、信長が光秀に殺された本能寺の変に対処したときである。信長の命を受けて中国遠征したときには、本能寺の変など夢にも思っていなかったが、ひとたび信長殺害の報に接するや、直ちに強敵毛利輝元と和議を結び、光秀誅《ちゅう》伐《ばつ》のために兵を戻して、わずか十三日で光秀の首を取ったのは秀吉の果断の結果である。

秀吉がとっさの間に、光秀誅伐を決意して毛利と和睦したのは、信長の跡目を自分で引き受けようという野心から出たものではない。ただただ主君の仇は報じなければならぬとの武士道の考えから、熟考再思もせず直ちに中国から引き返したものと思われる。

柴田勝家にはこの果断がなく、いたずらに形勢をながめ、もしや明智の天下になどと心配しているうちに秀吉に功名をあげられ、天下を取られてしまったのである。このような非凡な決断力のある秀吉も、晩年はよほどにぶってきたようだ。その臨終に秀頼をすべて徳川家康に託してよいものかどうかと決断に迷い、家康に託したようでもあり託さぬようでもあり、事をあいまいにして豊臣家の滅亡を早めた。

人は晩年が大事である。若いときに欠点はあっても、晩年がよければその人の価値は上がってくるものである。古人の詩にも「天意夕陽を重んじ、人間晩晴を貴ぶ」の句がある。日中どんな快晴でも夕方に雨がふれば、その日の一日中が雨でもふったように感じられるのと同じで、人間も晩年が晴れやかなものでないと、つまらない人間になってしまうものだという意味であろう。

12 「保身」にすぎれば必ず信を失う

子曰《しいわ》く、甯武子《ねいぶし》、邦《くに》に道あれば則《すなわ》ち知、邦《くに》に道なければ則ち愚《ぐ》、その知には及ぶべきなり、その愚《ぐ》には及ぶべからざるなり。〔公冶長〕

甯武子《ねいぶし》は衛《えい》の文公と成公の両王に仕えた人である。文公は有道の君子で、その時代は政治が行き届いた世だったので、甯武子は自分の才知を発揮して君主をたすけ政治を行ない、知者として尊敬された。成公の世になると無道の暗黒時代となり、ついに国が倒れてしまった。甯武子はこうなると、才知を隠して愚人のようにふるまい、時とともに流れて災いをさけた。

文公のとき、つまり道理の通る世では立ち働いて知者となるのは難しいことではなく、私にもできそうだが、成公のとき、つまり無道の世に才知を隠して愚人のように振る舞うことは私には考えつかない、と孔子は批評した。

孔子は生涯、世の乱れをただし、民を救うことをただひたすらやってきたので、自分の保身について考えたことがない。だから単純に甯武子を称賛したのではない。

孔子の門人たちも、子貢や子路のような気性の人は、無道の世に対処して愚者をもって甘んじた甯武子を称賛する気になれず、成公のような無道の君主になったときには、さらに馬力をかけて天下に号令し、巧言令色の悪人どもを徹底的に排除するだろうと思われる。

日本人の気性は子貢や子路よりもさらに才能を隠す方法が下手で、無道の世だからといって、甯武子のように馬鹿になりきれず、天下に道がなければないほど、いよいよ奮起して人心を目覚めさせようとするにちがいない。これは中国人と日本人との気質の差でもあろう。

中国はさすがに大陸だから物が大きく、どんよりしている。昔から「大功無名《だいこうむめい》」という語があるくらいで表面に立ってはなばなしく活動するよりも、隠然と陰で働き、大功を立てようとする傾向がある。

これに反して日本は絶海の島国だから、気風が清浄で人の気質も一直線で、とかく名乗りをあげて表面に立ちはなばなしく奮闘することを好み、陰の仕事はしたくないという短所がある。「才子は才を恃《たの》み、愚は愚を守る。青年の才子は愚に如《し》かず。請う看《み》よ他年成学の後、才子も才ならず、愚も愚かならず」という詩があるが、人間が愚を守るということははなはだ難しいものである。真に安心立命の境地に到達した人でなければとてもできないことである。

13　自分の資質の生かし方を十分心得ているか

子《し》、陳《ちん》に在《いま》して曰《いわ》く、帰らんか帰らんか。吾《わ》が党《とう》の小子《しょうし》、狂簡《きょうかん》、斐《ひ》然《ぜん》として章を成す、これを裁《さい》する所以《ゆえん》を知《し》らざるなり。〔公冶長〕

孔子が、道を説いて天下の乱れを救おうと、諸国を回ったが、どこでも取り上げられなかった。陳の国にいたとき、もはや遊説の旅はむだだ、故郷の魯の国に帰ろうと決心した。そして、「魯にいる青年たちは道に志し、その志は狂簡（進取的で高大）で、しかも、美しい織物の模様（斐然）のような美質をそなえている。ただ、それを裁断して仕立てる方法を知らないから、私が帰郷して指導してあげよう。今まで諸国を奔走して、このことを怠っていたが、これからは遊説を止めて魯に帰り、この教育に従事することにしよう」

と孔子は言ったという。

14　伯夷《はくい》・叔斉《しゅくせい》の生き方に〝人間の度量〟を学ぶ

子《し》曰《いわ》く、伯夷《はくい》・叔斉《しゅくせい》は旧悪《きゅうあく》を念《おも》わず。怨《うら》みこれを用《もっ》て希《まれ》なり。〔公冶長〕

伯夷と叔斉は清廉潔白の人で、孟子はこれを「聖《せい》の清《せい》なるもの」と言った。

周の武王が主君である殷《いん》の紂《ちゅう》王を討とうとするのを聞いて、二人は武王の出陣を馬をたたいて諫《いさ》めた。

「どんな無道な君主でも、臣が君を倒すのは仁とは言えません。これは暴をもって暴を制することです」

その諫言が容れられず、ついに殷を討伐して周の天下となったが、二人は周の粟《ぞく》（食物）を食うに忍びずと言って、首陽山《しゅようさん》に隠遁し、

「我、いずくにか適帰《てきき》せん。ああ徂《ゆ》かん。命《めい》の衰えたるなり（われわれは、いったいどこへ行って身を落ち着けたらよいのだろうか。さあ行こう。われわれの命は、もはやいくばくもない）」

という歌をつくって、餓死したのである。

これほど悪を厳しく憎むというと、その心は狭くて頑固で人を許容しないかといえばそうではなく、二人はただその悪を憎むだけで、その人を憎まず、人の旧悪を記憶してこれを責めたり怨んだりすることはけっしてない。それゆえ、厳しく悪を憎んでも、他人から怨まれることが少なかったと、孔子は伯夷・叔斉の度量を称揚したのである。

15 海のごとき"包容力"をもった人間の魅力

顔淵《がんえん》、季路《きろ》侍《じ》す。子《し》曰《いわ》く、盍《なん》ぞおのおの爾《なんじ》の志を言わざる。子路《しろ》曰く、願わくは、車馬《しゃば》衣《い》軽裘《けいきゅう》、朋友《ほうゆう》と共にこれを敝《やぶ》りて憾《うら》みなけんと。顔淵《がんえん》曰く、願わくは、善に伐《ほこ》ることなく、労を施《うつ》すことなけんと。子路曰く、願わくは、子の志を聞かんと。子曰く、老者《ろうしゃ》はこれを安《やす》んじ、朋友はこれを信じ、少者《わかもの》はこれを懐《なつ》けんと。[公冶長]

弟子の顔淵と季路が孔子のかたわらにいたとき、孔子が二人に、

「おのおの自分の志を述べてみなさい」

と言った。これに対してまず季路が、

「よい友人とならば、一つの車に二人で乗り、一匹の馬に二人でまたがり、絹や毛布でつくった服の一枚を二枚に割いて着、これを破っても少しも惜しくはない。こういうよい友人を得て、苦楽を共にしたいものです」

と言った。その真摯《しんし》なる温情がその言葉に表われている。

子路の率直なのと異なり、顔淵は元来哲学者ふうの人だったから、

「私は他人に善いことをしてあげても自慢せず、また自分にできることならばつらいことでも労をいとわず自分でやり、他人にそれを押しつけるようなことはしたくない」

と答えた。子路の志に比べると、深遠なところがある。

今度は子路が孔子に対して、先生の志を聞きたいと申し出た。孔子は、

「老人に対しては安心を与えてこの世を楽に暮らさせたい。友人とは信じて交際を全うしたい。少年はこれを愛して慕われるように導きたいものだ」

と答えた。この三人の志をみると、子路の志は身近で通俗的だ。顔淵の志は遠大で高尚だが、孔子の志にいたっては、天のように広く海のように深い。すべての人に対して「仁」をもって接し、包容力が言外にあふれている。

計り知れなかった大山巌の大陰徳・大度量

顔淵の「願わくは善に伐《ほこ》ることなく労を施すことなけん」と言ったことは、顔淵の精神にきわめて世間離れしたところがあってはじめて発し得られる言葉である。この精神は実践家よりも学者、宗教家などの思想家に見受けられ、どちらかというと、こういう思想は東洋趣味で、これを「陰徳《いんとく》」と名づける。

西洋ではこれに反して、自分の善行を他人に吹聴して誇りがちで、しかも責任はなるたけ他人に転嫁するようだ。

日本では陰徳を積むことを最上とし、自己の責任だけでなく、他人の責務でも引き受けるのが武士道の本意であるとしている。明治維新前後にはずいぶん人物も多く現われたが、伊藤博文でも、大隈重信でも井上馨でも、みな「善に伐《ほこ》りたがる」ほうであって、「おれはこれほどえらいぞ」とばかりに吹聴し、善に誇らぬ人ははなはだ少なかった。

ところが西郷兄弟などは、まず陰徳の人であったように思われる。大山巌《いわお》にいたっては実に陰徳の大器であった。大山はこれというほどの傑出した長所があって人目をひいたのではなかったが、その度量は大海のようで、たいそう人によくなつかれ慕われた。

日露戦争のとき、満州軍総司令官として軍司令官の上に立ち、これを指揮するにあたり、大小のことすべて児玉総参謀長にまかせて、悠々閑々どこで戦っているのか知らない感じだったという。司令官に命令するとき、「しっかり頼むぞ」と繰り返して二度言ったきりで電話を切ってしまったそうである。その大綱だけをつかんで泰然自若、動かざること山のごときものがあって、けっして自ら功を誇ることのなかった人である。

16 自分の〝過ち〟を正すのに手遅れはない

子曰《しいわ》く、已《や》んぬるかな。吾《われ》未《いま》だ能《よ》くその過《あやま》ちを見て内に自《みずか》ら訟《せ》むる者を見ざるなり。〔公冶長〕

だいたい人は過失を犯しても、これを自覚しない人が多い。たとえ自覚しても心に悔いて改める者はたいへん少ない。また過失を言いつくろって人の眼をごまかして押し通したり、はなはだしいのは十分に自分の非を承知したうえで、なおかつそれをやり遂げてしまう者さえいる。

二千五百年前にも孔子は、

「世も末である。私は、いまだに過ちを知って自らを責め、悔い改める者を見たことがない。これから以後もついにこれを見ることができないのか」

と嘆いた。はたせるかな、孔子の予言どおり二千五百年後の今日でも同じく、自らその過失を責める人は依然として少ない。まことに困ったことである。

世の中のことは何事にも進化があって、宇宙も進化し、生物も進化し、森羅万象《しんらばんしょう》みな進化のあとが見られるが、ただ〝道徳〟だけは、二千五百年前の孔子の時代でも、そのまた二千五百年前の堯《ぎょう》・舜《しゅん》の時代でも、五千年後の現代でもまったく同じで、進化するどころか、かえって退化したようだ。ことに国際道徳にいたっては退歩もはなはだしい。悪くなる一方である。

世の中を進歩させるには、精神文明と物質文明が並行しなければならないのに、物質文明だけが長足の進歩を遂げ、精神文明がこれについていけない結果、こうなったのであろう。

個人の道徳を進化させると同時に、国際道徳も進歩させなければならない。

6

【雍也《ようや》篇】

成功のカギ「先憂後楽」の生き方

1 「おおまか」と「おうよう」では大違い

子曰《しいわ》く、雍《よう》や南面《なんめん》せしむべしと。仲弓《ちゅうきゅう》、子桑伯子《しそうはくし》を問う。子曰く、可《か》なり、簡《かん》なりと。仲弓曰く、敬《けい》に居《お》りて簡《かん》を行《おこな》い、以《もっ》てその民に臨む。また可ならずや。簡に居りて簡を行う。乃《すなわ》ち大簡《たいかん》なるなからんやと。子曰く、雍《よう》の言然《ことしか》りと。［雍也］

孔子が、その門人の雍《よう》（冉雍《せんよう》、字《あざな》を仲弓《ちゅうきゅう》という）の人物を評して言った。

「雍は南面して君主の地位で政治を任せるに足る」（南面とは天子や諸侯は南向きで政治をすること。臣下は北面となる。したがって、ここでは天子をはじめ人の上に立つことのできる人物だということである）

他日、仲弓（雍）が魯の子桑伯子《しそうはくし》の人物について質問すると、孔子は答えた。

「伯子も南面できる人物だ。礼儀正しく寛大である。またおおまかでよろしい」

仲弓はこの答えに満足せず、自分の所見を述べて質問した。

「つつしみ深くておうようで、それで人民に臨むのならけっこうですが、おおまかにかまえて、おうように行なうのでは、あまりにおおざっぱすぎませんか。放漫だと思います」

孔子はその説を聞いて、

「雍の言うとおりだ」

と言った。

孔子の前言が間違いかというと、そうではない。孔子は、伯子の姿勢の大筋を許容して評価したもので、仲弓が精細にわたって欠点を論じたのも正しいが、上に立つ者のおおまかさ、おうようさを積極的に取り上げたのである。

2　短気はすべての長所に〝蓋《ふた》〟をしてしまう

哀公《あいこう》問う、弟子《ていし》孰《たれ》か学を好むとなすと。孔子対《こた》えて曰《いわ》く、顔回《がんかい》なる者あり学を好む。怒りを遷《うつ》さず、過《あやま》ちを弐《ふたた》びせず、不幸短命にして死せり。今や則《すなわ》ち亡《な》し。未《いま》だ学を好む者を聞かざるなりと。［雍也］

孔子は天下を周遊して、政治の舞台に立って、自分の意見をうち立てようとしたが実現せず、あきらめて、哀公の時代に六十八歳で故郷の魯《ろ》に帰った。そして従来の希望を一変して、子弟を訓育することに専念した。これによって諸侯を動かし、精神的な面から諸侯の心に食い込んで自分の志を実現しようとしたのである。その一方法として、魯の史記にもとづいて『春秋《しゅんじゅう》』をつくり、人の心胆を寒からしめた。

孔子は七十三歳で亡くなったから、この問答は、その死の三年前にあったものかと思われる。哀公は暗愚の君主で、怒りにまかせて八つ当たりしたり過失を繰り返す人だったので、孔子は常に諫《いさ》めて不徳をなおそうと思っていたが、たまたま哀公から本項の質問があったので、顔回の賢徳を称賛して、間接的に哀公の不徳をそれとなく批判したもののようだ。これは孔子が人を導くときによく使う手である。

顔回は「公冶長篇《こうやちょう》」で、「願わくは善に伐《ほこ》ることなく、労を施すことなけん」といったように、徳行を旨として修養した人である。学問を好んで修養向上を怠らない人は、自然と顔回のように怒りをうつさないようにもなり、また過失を再びおかさないようにもなるものである。

書物を読んだから、学問をしたから、頭脳が明敏だからというだけでは、怒りをうつさない境地に到達するとは限らないものである。

一例をあげれば、井上馨などは学問もあり識見もあり、頭脳もまた明敏であったが、怒りをうつしやすい性質だった。何か一つ気に入らないことがあると、四方八方に当たり散らす悪癖には閉口したものである。

「顔回という者がいて、学問が好きだった。怒りにまかせて八つ当たりすることなく、過ちを繰り返すこともなかった。不幸にして若くして死んで、もはやこの世にいない。顔回ほど学問好きな者はほかに聞いたことはない」

というのが孔子の答えである。

3　志は三か月不変なれば本物になる

子《し》曰《いわ》く、回《かい》やその心三月《さんげつ》仁《じん》に違《たが》わず、その余《よ》は則《すなわ》ち日に月に至るのみ。〔雍也〕

孔子は容易に人に「仁」という表現を許さなかった。たいていの人を評して「仁」の意味を知らないといったものである。顔回《がんかい》はその心に私欲がなかったから常に仁徳があり、久しく仁に違背することがなかった。

孔子の門人多数の中で、顔回一人だけは仁の心を三月の長い間も持続していけるが、その他の人々は、日に一度か月に一度くらいしか仁の心になりえない。顔回の徳業はすべてにまさると孔子はほめた。

むかし、浅草に一人の悪人がいた。人を殺したが、懺悔《ざんげ》して僧となり名を禅海《ぜんかい》と称した。諸国を行脚《あんぎゃ》して九州豊前の国に来た。耶馬渓《やばけい》の渓流に臨むけわしい道があった。これは豊後の日田と豊前の中津とに通じていたが、道は狭くけわしくて荷をつけた馬がしばしば谷川に落ちて死んだ。

禅海はこれを見て衆生《しゆじよう》を救う大願を立て、その山すそに隧道《ずいどう》（トンネル）を掘ることを考え、毎日鑿《のみ》と鎚《つち》とで巌石《がんせき》をうがち、朝夕は近村を托鉢《たくはつ》して衣食《えじき》の資をつくり、日中は晴雨風雪をいとわず、二十年間岩を掘りつづけた。

こうして功成り志遂げて隧道は貫通し、人馬の往来は安全となった。世にこれを「青の洞《どう》門《もん》」といって耶馬渓中の名勝地となった。今は洞門を拡大して汽車が通っている。

禅海はこの地で生涯を終えたが、村人はその徳をたたえて石像をつくった。これは善に目覚めて仁者となった好例である。

4　ああ、この人にしてこの疾《やまい》あり

伯牛《はくぎゅう》疾《やまい》あり。子《し》これを問い、牖《まど》よりその手を執《と》って曰《いわ》く、これを亡《ほろ》ぼす、命《めい》なるかな、この人にしてこの疾《やまい》あり、この人にしてこの疾《やまい》ありと。［雍也］

孔子の弟子の中でも、冉伯牛《ぜんはくぎゅう》は顔淵（顔回）や閔子騫《びんしけん》についで徳行の高かった人である。その彼が病気になったが、ひどい悪病で癩《らい》病であったといわれている。孔子がわざわざ見舞いに行きながら、しいて室内に入らなかったのもこのためだろう。伯牛も自分の身体が膿《うみ》だらけなので、師のお目にかかるのをはばかり、室内に招き入れなかったのであろう。

しかし、孔子は窓から手を差し入れて伯牛の手をとり、重態でとうてい回復の望みがないのを見て、この人を失うのはまことに痛惜にたえないが、天の定めた運命ならばしかたないと嘆いたのである。

「この人にしてこの疾《やまい》あり」の嘆きの中には、「これほど徳の高い前途有望の伯牛にも、こんな悪い病気が取りつくのか。なんという情けないことであろう」という意味を含んでいる。「この人にしてこの疾あり。この人にしてこの疾あり」と、同じ言葉を二度まで重ねて繰り返したのをみると、孔子がいかに人情に厚く、門人を愛する情が深かったかがわかる。

孔子が、今日にいたるまでなお中国はもちろん、日本人にも尊敬され、最近では欧米の人々にも畏敬される理由は、この人情に厚かった点である。才や力ばかりでは、とても長く人を心服させてゆくことはできない。

5　豊かさの中の「質素」こそ真の楽しみ

子《し》曰《いわ》く、賢《けん》なるかな回《かい》や。一箪《たん》の食《し》、一瓢《ぴょう》の飲《いん》。陋巷《ろうこう》にあり、人はその憂《うれ》いに堪《た》えず。回やその楽しみを改めず。賢なるかな回や。

［雍也］

孔子が、弟子の顔回が賢明であることをほめたたえてこのように言った。

顔回は家が貧しく、食うものはただ竹のわりご一杯の飯だけと、飲むものはひさごの椀一杯の汁だけで、狭い路地の横丁に住んでいた。常人ならば、このような貧乏暮らしに堪えられないところを、顔回は少しもこれを苦にせず、それどころかそれを楽しんで改めようとしない。これは天命を信じていなければできないことである。

これを、孔子が人に貧困の生活を勧め、金持ちを攻撃したように受け取るのは大きな誤解である。人は金を持っていなければ、広く民衆に施して救うこともできないものだ。孔子もこのあたりのことは知っている。人に貧困を勧めているのではなく、ただ顔回が富の誘惑にうち勝って貧乏暮らしに満足し、志を曲げず、威武にも屈せず富貴にもおぼれない一流の人物としての識見を抱き、道を楽しんでいることをほめたまでである。

ふつうの人は、何よりも富貴を重んじ、権勢におもねり、金力につくのを処世の秘訣であるように思っているが、間違いだ。賢明に見える人でも、富貴のために志を曲げるような人は、最後には富貴のためにどんな悪事をおかすかもしれない。あるいは身を滅ぼすかもしれない。こんな下劣な人間は、まっとうな世の中では通用しない。

東京市の養育院で収容している身寄りのない老人に共通の性質は、不思議と利己的なことである。これは私だけでなく、同院関係者が一様に感じている事実である。利己一点ばかりを心がけてきたのなら、養育院に収容されるような老廃者にならずに、富貴栄達を思うままに遂げられそうなものだが、その結果はまったく正反対である。

我利一点ばりの人は、いかに自分だけがそれで押し通そうとしても世間が承知せず、世間から理解同情されなければ世の中に立てなくなり、ついには自ら食うに困り、養育院に収容されるようになるものである。だから、人は富貴を超越して人のために気を配る気持ちがなくてはならない。

貧乏しても困苦におちいっても少しも屈折せず、顔回のように天命に安んじることこそ大切である。

6 自分に「見切り」をつける人間ほど卑怯

冉求《ぜんきゅう》曰《いわ》く、子《し》の道を説《よろこ》ばざるにあらず、力足らざるなりと。子曰《しいわ》く、力足らざる者は中道《ちゅうどう》にして廃《はい》す。今女《なんじ》は画《かく》す。［雍也］

冉求《ぜんきゅう》は孔子門下十哲の一人であるが、あるとき、

「先生の説く道は、まことにけっこうなことで、よろこばないわけではないのですが、とても自分のような者は力不足で実行が難しいのです」

と孔子に言った。

孔子は言下にこれをしりぞけて、叱った。

「力のない者はないなりに、途中で挫折して中止するのは止むを得ない。それを実行もしないうちから、自分の力不足を理由に、自ら見切りをつけるのは自暴自棄である。男子の尊ぶ弘毅（度量が大きく意志の強いこと）の意気はどこにあるのか。仁をもって自分の任務とし、死してのちやむの精神が少しも見えない。自ら見切りをつけ、前へ進もうと努力しないのは何ごとだ」

道というものは身体を張って行ないさえすれば、誰にでも必ず実行できる。人にはそれだけの力が必ずあるものだ。もちろん人によってその力に大小の差があるから、道を行なうにしても、その道にもまた大小の別がある。

安積艮斎《あさかごんさい》の説に、

「賢者の行なう道は同じ道でも大きく、未熟者の行なう道は同じ道でも小さい」

があるが、まさにそのとおりである。だけど賢者の道も未熟者の道も、同じ道であることには変わりはない。

近頃、道をただ口先だけで説くにとどめ、それを実行する者が少なくなってきた。はなはだしいのは、

「道と行ないとはまったく別物であり、道は口で説いておればそれでよいのだ。道だけではとても世渡りができない」

と言って、道は道としてあがめるふりをする者もいる。だが、道は実行によってはじめて価値が生じてくるもので、これを神棚の隅に片づけておいたのでは、道は無価値な家具と同じになってしまう。

7　名補佐役として絶対してはならない「二つのこと」

子游《しゆう》、武城《ぶじょう》の宰《さい》となる。子曰《しいわ》く、女人《なんじ》を得たるか。曰く、澹台滅明《たんだいめつめい》なる者あり。行くに径《こみち》に由《よ》らず、公事《こうじ》にあらざれば、未《いま》だ嘗《かつ》て偃《えん》の室に至らざるなり。［雍也］

子游《しゆう》（名を偃《えん》という）が、武城《ぶじょう》の長官となってそこを治めていた頃、先生の孔子に質問された。

「おまえが武城を治めるのに、補佐してくれるすぐれた人物を得たか」

政治を行なうには人材を得るのが第一である。そこでこの質問が出たのである。

子游は、こう答えた。

「澹台滅明《たんだいめつめい》という人物がいます。この人は路を行くのに遠くをいとわず必ず正路をとり、けっして近道をしません。また職務上の公用でなければ、長官である私の室に来たことが一度もありません。このような人物だから登用しました」

安直な道を選ばず、公私をわきまえた人物こそ公正な補佐役となる。

どんな英雄でも、またどんな俊才でも、自分一人だけでは到底大事を成し遂げることは困難である。秀吉には加藤・福島・片桐・石田・増田・長束《ながつか》など文武の達人があり、家康には酒井・榊原・井伊・本多などの四天王がいる。その手足となり耳目となってよく補佐をしたからこそ、天下を治めることができた。

天下を治めるためにはもとよりのこと、一国一城を治めるにも人材が必要である。慧敏《けいびん》な石田三成は早くからこの点を知っており、秀吉に仕えてわずかに四万石のとき、その半分近い一万五千石を割いて島左近《しまさこん》に与え、軍師として抱え入れたという。

適材適所に配置して、はじめて大小の経営は成就するものである。立派な人物を採用するときは、「為政篇」にある孔子の教訓「その以てする所を視《み》、その由る所を観《み》、その安んずる所を察」し、の視・観・察の三つをあわせて人物の選考の基準にするとよろしい。

裸身一つ「誠実」をそのまま地でいって大成功した古河市兵衛

古河市兵衛《ふるかわいちべえ》の人の採用には見るべきところがあった。彼は学問のない人であったから、高い見識はもたず、何事をみるにも低い立場に立って観察したが、世に珍しい誠実の人であった。強将の下に弱卒なしで、彼の部下にはことごとく孝弟忠信の人がそろっていた。

当時私は第一銀行を創立し、古河はその大株主であった小野組の番頭を務めて米穀部と鉱山部とを支配していた。ところが小野組は事業を拡張しすぎて明治七年突然破産した。このとき第一銀行は小野組に百数十万円を貸しつけており、ことに米穀部と鉱山部に対しては、私が古河を信じて無抵当の貸しつけであったから、もし彼が横着な考えを起こし、抵当を提供していないのを幸いに銀行を踏み倒そうとしたら容易なことで、第一銀行はつぶれてしまうところであった。

そこは古河が誠実な人であったから、小野組の各倉庫にあった米穀全部と、同組所有の鉱山全部を第一銀行に提供してくれたので、銀行は少しも損害をこうむらずにすんだ。

小野組の破産に際して、古河は自分の給金も貯金もすべて主家の負債償還にあて、一枚の着換えさえ持たずに主家と別れて出た美談がある。

その後一年ほどたってから、彼は第一銀行に私を訪ねて来た。奥羽で鉱山業を営みたいから資本金五万円を貸してくれというから快く貸し出し、古河はこの資本で多少の利益をあげた。さらに足尾銅山を経営したいというので、古河と相馬《そうま》と私との等分出資で、明治十年に拾万円の合資会社を興し、足尾銅山を古河にやらせることにした。そして明治二十四年に古河の単独経営に移したのである。

古河は鉱山のことに関しては神のような知能をそなえ、その見るところは少しの間違いもなかった。あるとき古河に案内されて足尾鉱山の坑内を検分したが、彼は職工服のようなものを着て先頭に立ち鉱脈のことなどを説明した。私は素人だからただ聴くだけだが、古河の鉱山知識がいかにも豊富で、銅山内のことはまるで掌《たなごころ》を指すようで何でも知っているのに驚いた。

このことを古河に話したら、彼はそれは別に不思議はない、あなたが銀行のことに詳しいのと同じで、人は商売によって賢いものです、と言って笑った。

古河は誠実をもって部下を率い、その遺徳は今なお生きており、誠実な人たちがその一門に集まっている。

8　「殿《しんがり》」をどうまとめるかにその人の真価が表われる

子曰《しいわ》く、孟之反《もうしはん》伐《ほこ》らず、奔《はし》りて殿《でん》す。将《まさ》に門《もん》に入《い》らんとす。その馬に策《むち》うちて曰く、敢《あえ》て後《おく》れたるにあらず、馬進まざるなり。〔雍也〕

孟之反《もうしはん》は謙虚な人で、自分の功績を誇ることがなかった。

魯の哀公の時代に斉《せい》の高無平《こうむへい》が軍をひきいて攻めてきた。魯も兵を出してこれを防ぎ郊外で戦ったが、敗けて退却した。このとき孟之反が殿《しんがり》を務めて敵の追撃を防ぎ、全軍を護衛して帰還した。そして都の城門に入ろうとする際、自分の馬に鞭をあてながら人に語ったという。

「私がおくれたのは殿《しんがり》を務めたためではない。馬が疲れて走らなかったからだ」

と、自分の功を隠した。

大したことでもないのに、ふつうの人は誇りたがるものだが、殿軍として大功を立てても人に知らせないというのは、その人物の器が大きく心が落ち着いているからだ。だから孔子はこれを大いに称賛したのである。兵法において進撃よりも退却を上手にやる指揮者が真の名将であるとしている。孟之反こそ真の名将である。

殿《しんがり》の重要性は兵法だけではない。実業界においても益勘定《えきかんじょう》より損勘定を精細に取り扱って、後始末をちゃんとつけられるような人でなければ、真の名事業家とはいえない。またこういう人でなければ、けっして事業に成功するものでない。

私は日頃この考え方で事業に当たり、殿《しんがり》を務める心がけをもって今日にいたったつもりである。

9　あなたの「内面」と「外面」のバランスは大丈夫か

子《し》曰《いわ》く、質文《しつぶん》に勝てば則《すなわ》ち野《や》。文質《ぶんしつ》に勝てば則ち史《し》。文質彬彬《ひんぴん》とし

て、然《しか》るのち君子《くんし》。［雍也］

孔子は、人間は外形と内容とが釣り合っていなければ、立派な人物といえないと説いている。いかに内心が誠実で高潔な精神の持ち主でも、外面に表われた言動が礼を欠き、精神にそぐわないと、その人は野卑な田舎者にすぎない。

反対に内心が下劣であるにもかかわらず、外面をうまくとりつくろって美しく見せかける人がしばしばいるが、これまたけっしてほめられた人物ではない。これはちょうど心にもない美辞麗句をつらねて書くのを仕事にしている役人と同じだ。

だから人は文（外面）も質（内面）も過不足なくバランスよくそなえた人物を、はじめて君子と呼ぶことができる。

こういう状態を文質彬彬《ひんぴん》という。質は「質素」の質で心根が素朴なことを指し、文は「文節」の文で言葉を飾り立てることを指す。また、彬彬は色などがうまく調和しているさまをいう。野は遠い郊外を意味するところから野卑なことをいい、史は国家の礼式と書き物をつかさどる官名である。

人はとかく外形か内面かの一方にかたよりやすくなるものだ。礼に流れておべっかを使ったり、倹約がいきすぎて吝嗇《りんしょく》になったりするのも、みな一方にかたよるからである。

そうかといって、おべっかが悪いからと傲慢で不遜な態度をとり、他人が善いことに励んでいるのを偽善者と罵倒《ばとう》し、あるいは吝嗇がいけないからといって金銭を湯水のように使い、金銭に淡泊なんだと他人に自慢するような人物になっても困る。

西郷隆盛や黒田清隆は、どちらかといえば、質が文に勝って粗野のほうであった。木戸孝允・大久保利通や伊藤博文が文質彬々のバランスのとれた人であった。

現代の青年は物質に流れて精神の空虚な者が多い。これは文が質に勝って、外形がよく肌ざわりのよいものが多くなったからである。その原因はいろいろあろうが、東洋道徳に対する関心が薄れてきて、ニーチェの道徳論を理解しても『論語』の道徳説を理解しないからである。どんなに自動車の講釈が上手でも、『論語』がわからないような人は、私は評価しない。『論語』をもって青年たちに東洋道徳を吹き込んでやりたい。

10 「正直一本の道」はいつでも安心して歩ける

子《し》曰《いわ》く、人の生《い》けるや直《ちょく》。これを罔《な》くして生けるや、幸《さいわい》にして免《まぬが》るるなり。［雍也］

人間が社会で生存していくには、すべて正直をもって君父に仕え、友人兄弟に接し、公衆と交わらなければならない。正直一本で行動すれば、道はなだらかで一生安楽に無理なく暮らしていける。

これに反して不正直な者にとっては、この世の中は厳しくて生きていくことが難しい。不正直者でいながら、なお世渡りができている者は、たまたままぐれで禍いを免れただけである。このような例外を期待して不正直をするのは、愚の骨頂である。

11 どんなに「苦痛なこと」でも苦ではなくなる生活の知恵

子《し》曰《いわ》く、これを知る者は、これを好む者に如《し》かず。これを好む者は、これを楽しむ者に如《し》かず。［雍也］

これは、言葉どおりの意味で「知っているということは好むということに及ばず、好むということは楽しむということに及ばない」ということだ。

道を知っているだけでは、その人が必ずしも徳行家とはいえない。昔から「論語読みの論語知らず」という諺《ことわざ》があるが、これは論語の読み方は心得ているけれども、論語を好む心のない人を評した言葉である。「坊主の不道徳」、「医者の不養生」という諺も同じ意味だ。下世話に「好きこそ物の上手なれ」というのがあるが、まさにそのとおりである。人も道を好むようになり、さらに楽しむレベルに達することができれば、道を実際に行ないうるようになるものである。

つまり好むだけでは、もし中途で困難に遭遇すれば、その苦痛にたえられなくなって、中止してしまうおそれがある。それが、心から道を楽しむ者ならば、どんな困難に遭遇しても挫折せず、どんな苦痛も苦痛とせず、敢然として道に進み、道を実行していけるものである。顔回が貧乏暮らしに安んじているのも、釈迦《しやか》が檀特山《だんどくせん》に入って六年の難行苦行を積んだのも、その好例である。キリストが十字架にかけられたのも、親鸞《しんらん》が越後に流罪《るざい》になったのも、その道を楽しむ境地に達しえた結果である。

12 人を効果的に教え諭す鉄則

子《し》曰《いわ》く、中人《ちゅうじん》以上には、以《もっ》て上《かみ》を語るべきなり。中人以下には、以

て上を語るべからざるなり。［雍也］

「民は由《よ》らしむべし。知らしむべからず」という語とほぼ同じ意味である。この「民は由らしむべし。知らしむべからず」という意味を、けっして一般には知らせてはならないと解釈して禁止の句としている。これは孔子が『論語』の［陽貨篇］の中で「上知《じょうち》と下愚《げぐ》とは移らず」といっているのを、単純に「知能の優秀な者と劣っている者は、教育によっても変えられるものでない」と解釈するのと同じような誤りを犯しているように思う。

むしろ私はそうではなく本項は、

「民は多人数でしかもレベルが違うから、とてもこれに一つひとつ事情を説明して聞かせるわけにはいかないから、まあたよらせるようにするしか方法がない」

というあたりが、その真意であろうと思っている。

「中人以下には以て上を語るべからず」というのもこれと同じ意味で、ある学説のように、

「孔子が人間を上中下の三階級に分け、中以下の者へは、中以上の者に語り聞かせるようなことを語り聞かせてはならない」

という禁止の教訓をしたのではなく、ただ教育のある者に聞かせるようなことを、無教育の者に説き聞かせても、労多くして功少ないから、何事も「人を見て法を説く」ようにしたほうがよいだろうといったのだと私は思う。

13 孔子流の「先憂後楽」の生き方

樊遅《はんち》、知《ち》を問う。子曰《しいわ》く、民《たみ》の義《ぎ》を務《つと》め、鬼神《きしん》を敬《けい》して而《しか》してこれを遠ざく、知《ち》と謂《い》うべし。仁《じん》を問う。曰く、仁者《じんしゃ》は難《かた》きを先《さ》きにして、而して獲《う》ることをのちにす、仁と謂《い》うべし。［雍也］

弟子の樊遅《はんち》が孔子に、知について質問した。孔子はこれに、「親には孝行というふうに、人として務めるべきことを精一杯やり、福を求め禍《わざわい》を避けることを神だのみにせず、神は尊敬して祭り、あえてなれ近づくことのない人を知者という」と答えた。

今度は仁について質問した。孔子はこれに対してこう答えた。「仁者は自分中心の心に打ち克って礼に立ち返り、誠意をもって人に接する。苦労を先にして、利益を獲得するのを後にするのが仁である」

現代の人はいたずらに成功を急ぎ、苦労よりも利益を早くほしがる傾向がある。孔子のこの「知」と「仁」の教訓を嚙みしめてほしい。

14 「水」も「山」もあわせ楽しむ人に

子曰《しいわ》く、知者《ちしゃ》は水を楽しみ、仁者《じんしゃ》は山を楽しむ。知者は動き、仁者は静かなり。知者は楽しみ、仁者は寿《いのちなが》し。〔雍也〕

これは孔子が山水を例にして、知者と仁者の相違を形容したものである。

知者の気性は水に似ていて、それゆえ水を楽しむ。仁者の気性は山に似ていて、それゆえ山を楽しむと、二者を比較して形容した。

後の四句は前の二句の意味を受けている。知者はその才知を運用して楽しみ、水が流動して物を潤すようで、動いている。仁者は重厚で慈愛深く、山のようにどっしりとして草木禽獣をその中で生育するようで、静かである。

また一方、知者は動いて功を成して楽しみ、仁者は重厚で山が崩れないようだ、だから寿命が長い。

荻生徂徠《おぎうそらい》の説では、

「〝知者は水を楽しみ、仁者は山を楽しむ〟の語句は孔子の言葉ではなく、おそらく古語を孔子が引用したもので、後の四句が、孔子の釈明であろう」
としている。

ところで、知者が必ず常に動いて水を楽しむ者、仁者が必ず常に静かにして山を楽しむ者ときめつけてしまってもいけない。知者だからといって動いてばかりいるものではなく、動中おのずから静があり、仁者だからといって静かにしてばかりいるものではなく、静中おのずから動があってよい。

理想をもって言えば、人は常に動いてばかりいて、水だけを楽しむ知者となってもいけないし、また常に静かにしてばかりいて、山だけを楽しむ仁者になってもいけない。水も山もあわせ楽しむ知仁兼備の人が望ましい。

15 あらゆる事態に対処できる〝中庸〟法

子《し》曰《いわ》く、中庸《ちゅうよう》の徳たるや、それ至《いた》れるかな。民《たみ》久しきこと鮮《すくな》し。
［雍也］

人の行動は、過ぎることもなく、不足することもなく、平常の道を行くことを中庸と言う。この中庸の徳の価値は最善・至高である。ところが、この徳を長く守っていく者は少ない。まことに嘆かわしいことであると孔子は言う。

『論語』も『大学』も『中庸』もまた孔子の語録（『中庸』の作者は孔子の孫・子思であるが主要部分は孔子の語である）であるが、なかでも『論語』は実際の生活に触れた教訓ばかりを集めたものである。門人の語ものせてあるが、すべて実生活に応用できる内容で、千変万化、臨機応変、一つひとつが実際問題に臨んだ際の解決訓になっている。しかも指導は少しも堅苦しいところがなく、常識判断で十分に融通がきくようになっている。

このように物に触れ事に臨んで、どのようにも変化していき、しかも常識にはずれないのが、すなわち中庸の徳である。四書（『論語』『孟子』『大学』『中庸』）の一つである『中庸』という書物の名とは、直接何の関係もない。

孔子が中庸の徳を称賛して、完全無欠「それ至れるかな」と言ったのは、何事によらず中庸を得てさえおれば、けっして間違いの起こる心配がないからである。それにしても、実際に長く中庸を守ってこれを実行する人が少ないのは、まことに嘆かわしいことである。

16 人をよく引き立てる人に〝余慶〟あり

子貢《しこう》曰《いわ》く、もし博《ひろ》く民《たみ》に施《ほどこ》し、而《しか》して能《よ》く衆《しゅう》を済《すく》う者あらば、如何《いかん》。仁《じん》と謂《い》うべきか。子《し》曰《いわ》く、何ぞ仁を事《こと》とせん。必ずや聖《せい》か。堯舜《ぎょうしゅん》もそれなお諸《これ》を病《や》めり。それ仁者《じんしゃ》は、己《おのれ》立たんと欲して而して人を立て、己《おのれ》達せんと欲して而して人を達す。能《よ》く近く譬《たとえ》を取る。仁の方《ほう》というべきのみ。［雍也］

この項は前後二節に分けてみるとわかりよい。前節は聖人の大事業で仁以上のことをいい、「それ仁者は……」以下の後節は、仁を行なう方法を言っている。

子貢が孔子に尋ねた。

「博《ひろ》く民に恩恵を施して大衆を救済する者がいたら、その人は仁者と言えましょうか」

孔子は答えた。

「それは一大事業だ。とてもただの仁者どころか、これができる人は聖人である。古代の聖天子堯《ぎょう》や舜《しゅん》でさえ、これが十分にできるだろうかと常に心配していた」

仁は生きていく徳目で、身に修めればこれを天下に施さなくても仁者といえる。子貢の質問は大事業に属するものだから、孔子はこれを仁者を超えた聖人のこととしたのである。

この項は『論語』の中心テーマといってもよいところである。

山鹿素行《やまがそこう》はこの項に重点をおき、朱子学の性理説を排斥し、仁の本体を性理の上におかず仁の成果の上におき、これを堂々と論じて『聖教要録』を書いたため、幕府の儒官林大学頭《はやしだいがくのかみ》から抗議されて罪となり、播州赤穂《ばんしゅうあこう》へ流された。

少なくとも、まともな学者なら山鹿素行だけでなく、みな広く民に施して衆を救い成果をあげるのが仁であるとしている。幕府は大学頭に正面から苦情をもち込まれたので林家の顔を立てて、やむなく素行を赤穂の浅野家へお預けということにしたのである。

元来徳川家康は素行と同じ功利説の張本人である。封建制度を徹底的に確立し、幕府の勢力を無限に伸張して不動のものにしようと考えた。そのために国内の平和繁栄を計り、万民を安んじさせるには、儒教を利用するのが最も賢明な手段であると考えたから儒官をおき、孔子教を尊敬鼓吹するようにしたのである。つまり山鹿素行と同じで、広く民に施して衆を救う方針であった。素行の『聖教要録』が罪に問われる理由はまったくなかったのである。

家康一流の〝孔子〟の読み方・生かし方

家康の遺訓として世に知られる「人の一生は重き荷を負うて遠き道を行くがごとし、急ぐべからず」の一句は、『論語』［泰伯篇《たいはくへん》］の「曾子曰く、士《し》は以て弘毅《こうき》ならざるべからず。任重くして道遠し。仁以て己が任となす」の文句をふまえたもので、「任重くして道遠し」の一句をかみくだいたのが「人の一生は重き荷を負うて遠き道を行くがごとし」である。

またこの遺訓の中には、『論語』［顔淵篇《がんえんへん》］の、孔子の言った「己の欲せざる所は人に施すこと勿《なか》れ」の語にもとづいた一節もある。これをみると、家康はよく『論語』を読破し孔子の語を実際の処世法に応用したことがうかがい知られるのである。家康のように『論語』を読めば、『論語』はまさしく人々が実行できる人間の実生活の処世訓である。

家康は孔子教によって人心を善導し、封建制度を確立しようとしたが、士農工商の階級制度もまた孔子教の反映かというと、これは頼朝以来多年の封建制度が発達してきた自然の結果で、『論語』に農工商を圧迫する文字はない。治める者と治められる者の別を明確にしたのは、武断政治の常套《じょうとう》手段である。徳川時代には人材を各階級より登用し、農工商の子弟でもその道に堪能な者をどしどし引き上げ、十分に取り立てている。

本項の後半は仁の方法を説いたものである。

仁者はわが身をつねって人の痛さを知るという考えをもち、何事においても人に対するときは、これをわが身に置き換えて考えるものだという意味である。真の仁者は自ら立とうと思ったら、まずその前に他人を引き立てることに骨を折り、いろいろ力を尽くしてやるものである。

7

【述而篇《じゅつじ》】

これぞ沈勇、大勇の人

1 〝常識〟の枠にとらわれない大常識人の強さ

子曰《しいわ》く、述《の》べて作らず、信じて古《いにしえ》を好む。窃《ひそか》に我《わ》が老彭《ろうほう》に比《ひ》す。
〔述而〕

孔子は、「私が平生言っていることは、みな昔の聖人君子が行なったり説いたことをもとに、いまの世に役立つように述べているだけで、私の創作ではない。昔、商《しょう》の国の賢明な家老老彭《ろうほう》は、このようにしてきたと伝え聞く。私も及ばずながら、老彭をまねて同じようにしたい」と言った。その言葉どおり、すべて先賢の言動に基づいたが、ただ古人のそのままを伝えるのではなく、敷衍《ふえん》してその意味を明確にしている。

古人の教えを信じて、自分では創作していないというと、孔子は保守的な人だと思う人があろうが、けっしてそうではない。古人の信ずべきことは信じ、捨てるべきことは捨て、真理を明確に打ち出している。「故《ふる》きを温《たず》ねて、新《あたらしき》を知る」、「退きてそれ私を省れば、また以て発するに足る。回《かい》や愚《ぐ》ならず」、あるいは、顔回《がんかい》の「一を聞いて十を知る」を喜んだことなど、みな孔子の師としてのすばらしさを示している。

「述べて作らず」という言葉から、孔子がいかに謙遜の人であったかがわかる。そして、孔子がいかに常識を重んじた人だったかもわかる。常識とは、古くからやってきたことをむやみに改めず、なるたけこれにのっとっていくようにすることなのだ。だが一にも常識、二にも常識と主張して、先例だけにこだわる人になってしまえば、毅然たる男子とはいえず、大勢に迎合する意志の弱い人間となり、大事が眼前に突発したときに、これに対応していくだけの人間になり得ない。だから常識は人間にとって必要なものではあるが、常識ばかりでは、過ぎたるはなお及ばざるがごとしで、かえって人間がだめになってしまう。孔子はその過不足がなく、「述べて作らず」と謙遜しつつ、常識に富んでいながら、他の一方においては毅然たる剛《つよ》さがあった。

2　つまらぬ意地はあとで大きなツケとなって戻ってくる

子曰《しいわ》く、徳の修《おさ》めざる、学の講《こう》ぜざる、義《ぎ》を聞きて徙《うつ》る能《あた》わざる、不善《ふぜん》を改《あら》たむる能《あた》わざる、これ吾《わ》が憂《うれ》いなり。［述而］

孔子が「徳を修めない、学問を習わない、正義を聞いてもついていけない、善くないことが改められない。これが私の心配事だ」と言った。これは、あたかも自分の不徳を責めているようだが、実のところ、自分になぞらえて門人たちを諫《いさ》めたものであろう。

私などでも他人に忠告するときには、自分は不徳だとか菲《ひ》才《さい》だとか前置きを言って、それからいまの世の中が軽薄で、犠牲の精神に乏しく、利己的だというふうに警告を与えている。

孟子は「人の性は善である」と言っている。まさに人間本来は善である。悪は誰しも好まない。そうであるならば、正義を聞けばすぐ従い、善くないことはすぐに改め、徳を修め学問に精を出しそうなものであるが、実際はなかなかそうはいかない。孔子でさえも「これわが憂いなり」と嘆くように、意思と行動は一致しにくいものである。それはなぜかというと、人間には私心というものがあって、七情（喜・怒・哀・楽・愛・悪＝憎・欲）に動かされるからである。

勝手気ままな行ないをして、世間に迷惑ばかりかけている人でも、他人のことになれば、批判が正確になり、あれは善いとか悪いとかと、正しい判断を下せるが、自分のこととなれば、判断がまったく狂ってしまう。孔子は「過《あやま》ってはすなわち改むるに憚《はばか》ることなかれ」——過失は反省してすぐ改めれば、それでよいのだ、と説いている。

孔子の教えのように過ちを知ってすぐに改めるのはよいのだが、世の中にはそうでない人が多く、是が非でもむりやりに自分の言い分を貫徹させようとする。こういう人はいかに才智がすぐれていても、非凡の技倆があり高い地位にいても、世間の反感を買い、自分の志を貫けないだけでなく、身命を失うこともある。その例は宋の王安石《おうあんせき》や大老井伊直弼《なおすけ》がそうである。近くは内閣の首班で政友会総裁の原敬《たかし》が議会に絶対多数をもち、意のままに振る舞って我意《がい》を貫き通したのもこの例である。

人間の癖として、他人の失言や無理な行動は、たやすくあれこれ批判するが、自分にどんな失言非行があっても、これを弁解防護するため、屁理屈をこねて自分の非を押し通そうとする傾向がある。だが、どんな理屈をこじつけても失言は依然として失言、いかに巧みにごまかしても非行は依然として非行である。公衆の目をくらますことはできるものでない。それよりもすみやかに失言を取り消し、非行改悛《かいしゅん》の情を表わし、再び過ちをしないように心がけるほうがよい。そうすればその人は人品を高めることになる。

3　孔子が考えた〝完全なる人物〟像

子《し》曰《いわ》く、道に志《こころざ》し、徳に拠《よ》り、仁《じん》に依《よ》り、芸《げい》に游《あそ》ぶ。〔述而〕

完全な人物になるためには、まず第一に道を志さねばならない。道とは人たるものが当然踏むべき人道のことである。人道を踏んで世渡りをしようという気がないようでは、とても立派な人間になり得ない。

次に徳によって世に対処しなければならない。徳とは韓退之《かんたいし》の『原道《げんどう》』にある「己《おのれ》に足《た》って外に待つなきこと」で、自らやましいところがなく、外に利を求めて他へ害を及ぼすような憂いをなくすようにする心情である。

仁とは博《ひろ》く愛することで、単に自ら足るを知って他へ迷惑をかけないだけでなく、他へ幸福を分かち与えようとする心情である。この心情がなければ、完全な人物とはいえない。要するに、人には志があるだけでは、いかにその志が人道を踏まえようとする立派なものであっても、人の人たる効果を上げ得ないことになる。人は行為があってはじめてその人の価値が知れるのだ。

徳と仁とはその根底を人の心情におくものだが、それが直ちに行為となって外面に現われるものだ。だから完全な人物になろうと思ったら、道に志すと同時に、徳と仁を踏まえなければならない。しかし、これだけでは人間が堅すぎて窮屈になってしまうから、六芸《りくげい》〈礼〈礼法〉・楽《がく》〈音楽〉・射〈弓術〉・御《ぎょ》〈馬術〉・書〈書法〉・数〈算術〉〉で多少の余裕を身につける必要がある。

世間で偉いといわれる人でも、余裕綽々《しゃくしゃく》の人は少ないもので、政治家は政治にとらわれ、学者は学問にとらわれてしまう傾向がある。孔子のいう「芸」とは六芸で、いわゆる趣味である。「人はその行為において欠ける点がなく、その志も立派であっても、その上に趣味がなくては完全なる人物ではない」というのが、孔子の意見である。

4　孔子一流の〝人材教育〟術

子《し》曰《いわ》く、憤《ふん》せざれば啓《けい》せず、悱《ひ》せざれば発《はつ》せず。一隅《ぐう》を挙《あ》げて三隅《ぐう》を以《もっ》て反《はん》せざれば、則《すなわ》ち復《ふたた》びせず。［述而］

これは師が人を教える方法を示したものである。教えるということは、なんでも注入して弟子に説明するのではない。

「弟子が自ら研究して行き詰まったときに、はじめてその障害を取り除いてやり、また意味が少し理解できかかって、口で表現しようとして詰まっているときに、はじめて手伝ってやる。学ぶ側が熱心でなければ、教えても無駄なことである。そして、啓発してやるときは、ただその一端だけを示し、残りの部分は自分で発見理解させることだ」

たとえば、四角の物の一隅だけを挙げて教え、残りの三隅は教えずに、自分でわからせる。もしその一隅を教えても、自分で他の三隅を理解できない者には、再び説き教える必要はない。学問に熱心でない者には、詰め込み主義で教えても効果がないことを言っている。

わが国の教育界も、一時詰め込み教育に傾いたが、その効果が少ないので、最近は啓発教育を勧めるようになった。このやり方は、孔子がすでに二千四百年前に主張していたものだ。詰め込み主義になってしまえば、自分でものを考えないようになってしまうものである。付焼刃《つけやきば》はいざというときに役立たない。

大岡越前の弟子入りをにべもなく断った徂徠の真意

大岡越前守忠相《ただすけ》は、江戸開府以来の名奉行で、智慮に富んだ人である。吉宗が紀州から入って将軍になると、まず忠相を伊勢山田の奉行から江戸の町奉行に転職させた。忠相はこの大任を完全に果たしたいと思い、当時の大学者荻生徂徠《おぎうそらい》を役宅（有楽町一丁目南町奉行役宅）に招いて、

「私はこのたび、天下の町人を取り締まる大役をおおせつかった。事理を誤るようなことがあっては幕府に申し訳ないから、ぜひとも先生の門に入って教えを受けたい」

と申し入れた。ところが徂徠は断固としてこれを拒絶した。その理由は、

「にわか仕込みの学問は付焼刃になるばかりで、腹の底から体得するわけにゆかないものだ。あなたはもともと頓智に富み、裁判で是非を誤る心配はないという評判である。それなのにいま、にわか学問をすると、これがかえって災いとなり、大事に臨んで判断力を鈍くし、あるいは大義名分を誤るおそれがある。何事にもにわか仕込みの付焼刃は禁物だ。もしどうしても学問をしたいという希望ならば、役を退いてから老後の保養かたがたゆるゆると始めたらよい」

ということだった。

越前守もなるほどと合点し、弟子入りをやめたという。実地に臨んで工夫研究したことでないと、学問の真味はとうていわかるものでない。徂徠はさすがに一代の大学者だけあって、真に教育の弊害を見破っている。

5　これぞ沈勇、大勇の人

子《し》、顔淵《がんえん》に謂《い》って曰《いわ》く、これを用《もち》いれば則《すなわ》ち行い、これを舎《す》つれば則ち蔵《かく》る。ただ我《われ》と爾《なんじ》とこれあるか。子路《しろ》曰く、子、三軍を行《や》らば則ち誰《たれ》と与《とも》にせん。子曰く、暴虎《ぼうこ》馮河《ひょうが》、死して悔《く》いなき者は、吾《われ》は

与《く》みせざるなり。必ずや事に臨《のぞ》みて懼《おそ》れ、謀《はかりごと》を好《この》みて成《な》さんものなり。［述而］

孔子があるとき、顔淵に言った。

「私を採用してくれれば、出て仕え、道を行なって国を治め民を安心させるが、捨てられたら引きこもって独り住む。用いられても捨てられても境遇に応じて振る舞う。これができるのは、ただ私とおまえだけだ」

子路がそばでこれを聞き、〈徳においてはそうだろうが、勇気においては自分だろう〉と思って孔子に尋ねた。

「先生が大軍を率いて進軍する時には、誰と行動をともにしますか」

孔子はこれに答える。

「素手で虎を打ち殺したり、舟筏《ふねいかだ》を用いずに大河を歩いて渡るような危険を冒し、身を殺して悔いない者は蛮勇、小勇である。大軍を率いるときには、私はこんな軽率な者と行動をともにしたくない。何事によらずこれに当たるには十分に慎重で、深く計画をめぐらす者に限る。これこそ沈勇、大勇である。けっして卑怯ではない。こんな人でなければ相談相手にならない」

と言い放って、子路の蛮勇を訓戒した。

戦争は孔子の言うとおり、けっして腕力だけでやれるものでない。智慮が必要で、頭でやらなければならない。ことに近代の戦争は、数学でやっているといってもよろしい。

意外に穏当でものわかりのよかった近藤勇

幕末に勇名をとどろかした新選組の近藤勇《いさみ》も、まずもって蛮勇の人であったが、必ずしも暴《ぼう》虎《こ》馮河《ひょうが》の人であったとはいえない。私は近藤勇と二度面会したが、会ってみると意外に穏当な人物で、少しも暴虎馮河のおもむきはなく、事理のよくわかる人であった。ただ彼はあくまで薩摩嫌いで、薩州人とは倶《とも》に天を戴《いただ》かない気概を示し、過激な態度をとったから、一見暴虎馮河の士のように世間から誤解されたのであろう。新選組の隊長としての近藤勇はなかなかの人物で、幕末当時の勢力は相当なものだった。

事業においても、ことに向こう見ずの猪突猛進の流儀の人は必ず失敗する。一方、猫を見て虎と間違えるような臆病な人も、あまり物事に用心しすぎると、すべてに怖くなって手出しができないようになる。

6 〝正しい姿勢〟は成功への最短距離

子《し》曰《いわ》く、富《ふ》にして求《もと》むべくんば、執鞭《しつべん》の士と雖《いえど》も、吾《われ》またこれをなさん。もし求むべからずんば、吾《わ》が好む所に従わん。〔述而〕

「富というものを私はさげすみ嫌ってはいない。だから富を望んで得られるのならば、鞭《むち》を振るって露払いする執鞭《しつべん》（馭者）のような下級の仕事でもことわらずにその職に就き、富を得る努力をする。しかし、富というものは天命によるもので、自分から求めても必ずしも得られるものではない。だからいやしい仕事についても求められないのなら、自分の好きな古人の道を求めてこれに従いたい。道は自らが求めれば必ず得られるもので、富貴のように天命によるものではない」

と孔子は説いた。

孔子が富と地位をいやしんでいるのではなく、正当の富貴ならば、それを得るためにいかなる苦労をするのもあえていとわないけれども、そのために道を曲げ自尊心を傷つけるようなことは、とうてい我慢できない。それよりはむしろ自分の目指す古人の道に従って進み、富貴など眼中に置かないという気概を示したのである。富貴はいやしむべきものではなく、それを求める精神と手段のいやしさを嘆いたものである。

大金持ちほど〝緻密な計算〟ができる

私ははじめから富を求めようとして世に立ったのでないから、現在富んでいないのは当然である。富を求めないのに富が来るはずがない。これと同時に、富を求めて世に立った人が富を得たのもこれまた当然である。これは仁者が仁を求めて仁を得たのと異なるところはない。だが、いかに富を求めても、その器でなければ富はけっして得られるものでもない。

富豪の大倉喜八郎、森村市左衛門、安田善次郎、浅野総一郎らは、私と根源の精神が違い、はじめから富を求めた人々である。そしてその求めた富を得たのである。初一念の目的を達し得たもので、いずれもみな一大成功者として尊敬してよい。またはじめは富を求める心でなく、国家の利益を思って国事に奔走しているうちに自然に富を得て、いつの間にか心情に変化をきたし、富を求めるために働くようになる人もある。

「河海は細流を捨てず、大山《たいざん》は土壌を譲らず」という古語があるが、細流も数集まれば河となり海となり、土壌も積み重ねれば雲をしのぐ大山となるように、巨万の富ももとは小銭の集合したものである。小銭をおろそかにしては巨富は築けない。数億の富を積んでいる富豪が一円の金を惜しみ、これを求めるために汗水流しているのを不思議に思うのは、富と無縁の者の心情で、富豪の心情になってみれば、一円が重なっていまの富となったのであるから、いかに一円は少額でも、これを軽くみるわけがない。

これは学者が知識を得るために汲々とし、どんな些細な知識でも惜しんで、これを捨てないのと同じで、人間の向上心の表われである。

7 腹に不平・怨みをためない処世法

冉有《ぜんゆう》曰《いわ》く、夫子《ふうし》衛《えい》の君《きみ》を為《たす》けんか。子貢《しこう》曰く、諾《だく》、吾将《われま》さにこれを問《と》わんとす。入《い》りて曰く、伯夷《はくい》・叔斉《しゅくせい》は何人《なんびと》ぞや。子《し》曰く、古《いにしえ》の賢人なりと。曰く、怨《うら》みたるか。曰く、仁を求めて仁を得たり、また何ぞ怨《うら》みんと。出《い》でて曰く、夫子《ふうし》は為《たす》けざるなりと。［述而］

孔子の弟子に冉有《ぜんゆう》（名は求《きゅう》）という人があり、衛《えい》の国に仕えていた。衛の霊公がその世子蒯聵《かいがい》と仲が悪く、これを追放してしまった。霊公が死んで、蒯聵の子で霊公の孫にあたる出公《しゅっこう》輒《ちょう》が王位に就いたが、追放されて晋《しん》の国にいた荊聵がこれを知り、晋の兵力を借りて衛の国へ攻め込もうとし、ここに父子が戦う形勢となった。

　このとき衛に仕えていた冉有は自分の進退に困った。つまり国王の出公輒《しゅつこうちょう》を助けてその父荊聵を敵として戦うか、また荊聵の兵力にはかなわぬから、侵攻を放任しておくべきか、その判断に苦しんだ。このことをはっきり表現せず、孔子に尋ねてくれと相弟子の子貢に頼んだのである。

　子貢は引き受けて、孔子が衛君輒《ちょう》を助けてくれるかどうかを打診したかったが、子貢も単刀直入に質問することをはばかり、孔子に遠まわしに尋ねた。

「伯夷《はくい》・叔斉《しゅくせい》はどんな人でしょうか」

（＊伯夷・叔斉＝殷《いん》の末の孤竹君の子。兄弟で国を譲り合い、殷の紂《ちゅう》王を討とうとする周の武王をいさめたが聞き入れられず、仕官せずに飢死した清廉潔白の士として有名）

　孔子は、「古の賢人である」と答えた。これは兄弟が位を争わなかった美徳をほめたものである。子貢は重ねて質問する。

「それにしても、両人とも腹の中では不平で怨みがあったのではないでしょうか」

「いや、けっしてそんなことはない。伯夷は父を愛する仁を行ない、叔斉は兄を愛する仁を行なった。両人ともに仁を行なおうとして、行ない遂げたのであるから、さだめし満足に思っていたことであろう。その位を継げなかったことをうらむはずがない」

と孔子は答えた。

子貢は、孔子がとても父子喧嘩をする不仁者の仲間入りをして、衛君出公輒《しゅつこうちょう》を助けるようなことはないと見きわめ、冉有《ぜんゆう》に告げた。

「先生は衛君を助けられない」

伯夷・叔斉をひきあいに出して、孔子の意中を探り出した子貢の機転には感服させられる。

要するに『論語』の編者は孔子が伯夷・叔斉を評した言葉によって、骨肉相争うのは人倫上はなはだ好ましくないことを戒めようとしたのである。

8 どこまで生産的〝楽天主義〟に徹しられるか

子曰《しいわ》く、疏食《そし》を飯《くら》い水を飲み、肱《ひじ》を曲げてこれを枕とす。楽しみまたその中《うち》に在《あ》り。不義《ふぎ》にして富みかつ貴《たっと》きは我《われ》において浮雲《ふうん》のごとし。［述而］

玄米の飯を食い、水を飲み、夜寝るにも枕もなく、肱《ひじ》を曲げて枕の代わりとする。きわめて簡易な生活である。しかもこれに安んじて楽しみをこの中に見出し、楽天主義に徹する。世間の人はこれができず、なんとか富貴を得ようとし、その手段の善し悪しを問わない。けれども不義不理で得た富貴は、浮雲のようなものでいつ何時消散するかもしれないから、そんなことを考えるなと孔子は言っている。

ところが世間の人は、孔子が「粗衣粗食を人に勧め、つまらぬものを食い、水を飲み、肱を枕にして暮らさねば、真の楽しみは得られない」と説いたように解釈するのは、まったくの誤解だ。本項の前半の句は、後半にある「不義にして富みかつ貴きは、我において浮雲のごとし」の句に対照するために用いたもので、不義を行なっても富貴栄達を求めようとするのは人として恥ずべきだと説いているのである。

真の富貴を得る方法は、知識を学び技術を修得するのと同じである。調査もせず研究もせず頭を十分に働かせなかったら、とても真の富貴は得られない。不義や不理やごまかしで、あるいは何かの僥倖《ぎょうこう》で一時の富貴を得ることがあったとしても、それは浮雲のようなもので、たちまち一陣の風で吹き散らされてしまう。

私が理化学研究所の設立に骨を折ったのは、個人を富ますにも国家を富ますにも、原理原則に即し、たゆまない努力の継続によってはじめてそれを得る道が発見できると考えたからである。

9　不安や心配をたちまち消し去る特効薬

葉公《しょうこう》、孔子を子路《しろ》に問う。子路対《こた》えず。子《し》曰《いわ》く、女奚《なんじなん》ぞ曰《い》わざる、その人となりや、憤《いきどお》りを発して食を忘れ、楽しみて以《もっ》て憂《うれ》いを忘れ、老《おい》の将《ま》さに至らんとするを知らずと、しかいう。［述而］

自分で公と僭称している楚《そ》の国の葉県《しょうけん》知事、沈諸梁《ちんしょりょう》が、孔子の弟子の子路に孔子の人物像を尋ねた。子路はどう答えたものかわからず、あるいは偉大な孔子を諸梁のような小人《しょうじん》に理解できるはずがないとでも思ったのか、何も答えなかった。このことをあとで孔子が聞いて、

「おまえはなぜ答えなかったのか、〝孔子は学問を好み、考えても理解できないときは、憤りを発して研究し、食事をすることも忘れ、そしてそれがわかった時は大いに喜んで、どんな心配事があってもそれを忘れ、こうして日々怠けず年を重ねて老境に入り、残り少ない人生に気がつかず道に励み休むことを知らない人だ〟と答えればよいものを」

と言ったという。

人間というものは自分の主義主張や仕事に熱中するときは、食事も憂いも忘れるものだ。私

のようなものでも『論語』の精神を広く世間に宣伝したいと熱心に思っているので、このために時間を割き、談話をすることはちっとも苦にならない。何事をやるにも、その仕事を楽しむようでなければけっして長続きするものではなく、また成功するものでもない。

歳をとっている暇などない渋沢流〝人生の充実ぶり〟

働くということが人生における第一の楽しみであり、不老不死の薬も、働くという薬には勝てない。人間は働いてさえいれば憂いも消え心配もなくなるものである。『論語』［顔淵篇《がんえん》］に「君子は憂えず懼《おそ》れず」とある。私は自分を有徳の君子と思っていないが、自らしなければならぬと思った仕事は、心から楽しんで熱心にこれをやることができ、これによって凡百の憂いを忘れ、憂えずおそれずの境地に立ち得ることを喜んでいる。

私の経験によれば、貧乏暇なしのたとえのように、貧乏して立ち働いておれば病気をする暇さえない。まして歳をとる暇などない。貧乏しなくても熱心に働いていさえすれば病気も老境もやって来ない。あまり働かずぶらぶらして、今日は何をしようか、明日はどうして遊ぼうかと思案して暮らしているような人にはとかく病人が多く、また早く歳をとりやすいものである。

私は毎朝六時には起床し、食事をすまして九時半まで来客の応対をすませ、それから外出して官庁や会社を訪問する。そして兜町の自分の事務所にも顔を出し、ここでも来客の応接をし、事務の指図をして、夜はパーティなどに出席したりして帰宅するのはたいてい午後十一時である。手紙などを見て床につくのは十二時になる。雑誌などはだいたい自動車の中で読んでいる。

午前零時に床につき午前六時には床を離れる。年中この同じ行事を繰り返して寸暇もなく忙しく暮らし、若いときとあまり違わない働きをしているが、七十五、六歳を越えてからは、自分で老いを自覚するのは、夜ふかしができないの一点である。

10 もって生まれた才能に火をつける最高の法

子《し》曰《いわ》く、我《われ》生《うま》れながらにしてこれを知る者にあらず。古《いにし》えを好み、敏《びん》にしてこれを求むる者なり。［述而］

これは孔子が自分のことを言って学問を弟子に勧めた言葉である。孔子がなぜこんなことを言ったかというと、当時の人は孔子の聖徳は生まれつきのものだとしたからだ。だから孔子は、「私は生まれながらにして学問ができたわけではない。古代の聖人賢人の道を好み、一心不乱に勉強してやっとこれを身につけたのである」

と説明した。誰でも学問を好み努力さえすれば、私ぐらいにはなれると言ったものだ。「古え」を好むというのは、いたずらに古いことを好むというのではなく、昔のすぐれたことで、現代の手本にもなることを研究するということである。孔子でさえ厳しい修業を積んでやっと大成したのである。われわれ凡人は、さらに深い修養を積まねば、一人前の人間にさえなり得ない。

この習慣が、私渋沢にずば抜けた記憶力をもたらした

世間では私を生まれながらにしてすぐれた記憶力をもっているかのようにいっているらしいが、私の記憶力は生まれついて自然にあったものではない。若いときから今日まで、毎夜寝る前に、その日にあったことをすべて思い起こし、まず第一にはこんなことがあった、次には何があった、その次には何があったと一つひとつチェックしてから床に就く習慣をつけている。これは言行の反省考案の方法で精神修養に役立つだけでなく、記憶力を養成発達させるうえにも大きな効果がある。多少なりとも人よりすぐれた記憶力があるとすれば、毎夜就寝前の、この習慣に負うところが大きいと思う。

大隈重信の記憶力は実に非凡なものだった。智力のすぐれた人は、たいてい記憶力にすぐれている。伊藤博文もそうだった。学問上のことでも何でも広い分野にわたってすぐれた記憶力

をもって人々を驚かしていた。

11 「怪力乱神」でないがゆえのこの強さ

子《し》、怪《かい》・力《りょく》・乱《らん》・神《しん》を語らず。〔述而〕

孔子がふだん弟子に対して口にしなかったことが四つ——怪・力・乱・神がある。怪は幽霊とか化け物とかすべて理解の外の怪異、力は血気の勇、乱は叛臣賊子や世の乱れ、神は神秘的な不可思議なことなどで、すべて人の常識外のことである。この四つのものは人が好んで語るものだが、少しの益もなく風俗教育に害があるから、孔子はこれを口にしなかった。

「聖人は常を語って怪を語らず。徳を語って力を語らず。治を語って乱を語らず。人を語って神を語らず」

と言い換えることができよう。

妖怪変化といっても、深く研究すれば、興味をそそる内容をもち、力自慢の勇士の物語といっても、話しようによっては士気を鼓舞する一助ともなり、背徳の革命でも歴史的に観察すれば意義もあり、鬼神に関する議論も哲学上から観察すれば全然無価値とはいえない。しかし人がこんな普通でない極端なことがらばかりに興味をもち、たえず怪・力・乱・神を語るようになれば、思想はおのずと穏健さを欠き、極端な行動をとって得意がり、言行ともに中庸を失うおそれがある。この点こそ孔子の怪・力・乱・神を口にしないポイントで、つまり中庸の道を守らせようとする精神かと推測できる。

12　正師から何を捨てるか、反面教師のどこを取るか

子《し》曰《いわ》く、三人行けば、必ず我が師あり。その善者《ぜんしゃ》を択《えら》んでこれに従い、その不善者《ふぜんしゃ》にしてこれを改《あらた》む。〔述而〕

数人と同じ道を行く場合、必ずこの中に自分の先生になるべき人がいる。正しい言動の人のよい点を選んでこれを見習い、またよくない人については、その欠点を反面教師として自ら反省してこれを改めれば、みなそれぞれが自分の先生として善に進む助けにすることができる。だから学問を好んで注意深く勉強すれば、どんなところにもよい先生がおり、どんなときにで

も学問はできるのである。

老子も言っている。「善人は不善人の師。不善人は善人の資」と。とてもよい言葉である。孔子が『論語』［里仁《りじん》篇］で「賢を見ては斉しからんことを思い、不賢を見ては内に自ら省みる」と言っているのも、また同じ意味である。

伊藤東涯の語注によると、「三人というのは数多いことをいっているので、実数を示しているのではない。『一は善、一は悪、一は自分』という説もあるけれど、これは三の数にこだわりすぎている」と説明しているが、私はこの説に賛成である。

13 やましくない人間だけがもつ自信と決断力

子《し》曰《いわ》く、天徳《てんとく》を予《われ》に生《しょう》ず。桓魋《かんたい》それ予《われ》を如何《いかん》せん。［述而］

孔子が衛《えい》の国から宋に行く途中、大樹の下に弟子を集めて講義をしていたとき、宋の司馬《しば》（軍務大臣）桓魋《かんたい》が、孔子に宋へ来られては自分の邪魔になるので、部下の兵士に命じてその大樹を抜き倒させ、孔子を圧殺しようとした。このとき言ったのがこの言葉で、弟子たちを安心させようとしたものである。

「人心を救う大使命を天から授かっているのだから、桓魋ごとき悪人が私に何ができようか」という意味である。このとき、孔子は五十六歳だった。孔子でなくても、つねに身を慎しみ、自ら省みてやましくない生涯を送ってきた者は、誰でもみなこのぐらいの自信をもつものである。

新選組の猛者《もさ》三人を気魄で敗走させた私の実体験

明治十六年八月十四日、自由党の総裁板垣退助が岐阜の演説会場で反対派の壮士相原尚褧《あいばらしょうけい》に刺されたとき、

「板垣死すとも自由は死せず」

と叫んだのも、無意識に「桓魋《かんたい》それ予《われ》を如何せん」と言ったのと同じ意気の語を発したものといわざるを得ない。

孔子がこの自信を得るまでの経路を私はよく知っている。さまざまな経験を積み、三十にして立ち、四十にして惑《まど》わず、五十にして天命を知るという境地にいたれば、どんな邪悪の徒が自分を殺そうとしても、めったなことでは殺されるものでないくらいの信念をもつのは当然である。

孟子が、

「自ら反《かえり》みて縮《なお》（正し）ければ、千万人といえども吾往かん」

といい、意気天を衝《つ》く自信をもっていたのも経験と学問を積んだ成果であろう。私は二十六歳のとき京都で、近藤勇の率いる新選組の壬生《みぶ》浪人三名に襲われたことがあるが、私は敢然としてこれに立ち向かい、彼らを敗走させた。

14　いつも〝裸〟で生きた孔子の凄さ・懐《ふところ》の深さ

子《し》曰《いわ》く、二三子《にさんし》我《われ》を以《もっ》て隠《かく》すとなすか。吾爾《われなんじ》に隠すことなし。吾行《われおこな》うとして二三子とともにせざる者なし。これ丘《きゅう》なり。［述而］

孔子がふだん弟子に語って教えているのは、深奥な哲理でもなく、神秘的なお告げでもない。平々凡々、世にありふれた道徳の仁・義・忠・孝・礼・知・信の実行ということだ。ことに怪力乱神を語ることなどいっさい避けていたから、弟子の中には何となく物足りなさを感じ、「大聖の孔子先生が、こんな常識的なことしかわからないはずがない。必ずこのうえになお一段も二段も奥深い教理を知っておられるに違いないのに、私たちが未熟なので高尚な教えを説いても理解できまいと思って、それを深く隠しておき、こんな平凡な身近なことだけ説かれるのであろう」

と言い出す者がいたらしい。それが孔子の耳に入り、この語を発したのであると思う。

「おまえたちは、私が何か胸中に包み隠しているると思うか。私は心に知るところをありのままにすべてをおまえたちに告げ教えている。何一つ隠していない。行動にしても、おまえたちと一緒にしないことはない。これが丘（孔子）のすべてである」

と言明したのである。（*二三子《し》は諸弟子の意味。丘は孔子の名前、孔丘の略）

孔子の言行は、あまりに平々凡々でわかりやすかったから、かえって弟子に誤解される点もあったのだろう。西洋流の学者の多くは、これを平易に説けばわかりやすいことを、ことさらにまわりくどく難しい理屈にして説き教えるが、孔子の教育法はけっしてそんなこけおどしをせず、平易なことは誰にもわかるように平易な言葉で説いたのである。しかしあまり平易であると、なんとなくありがたみが薄いような気がするものである。だから門人の中にも不満を言う者も出てきたのであろう。

15 人間に重み・厚みを加える〝四つのエネルギー〟

子《し》、四《よつ》を以《もっ》て教《おし》う。文《ぶん》・行《こう》・忠《ちゅう》・信《しん》。〔述而〕

孔子が人を教える場合、文・行・忠・信の四つを挙げることが多かった。しかし、孔子の教育方針は必ずしもこの四つを立てて、定式《ていしき》としたわけではない。孔子は空理空論を避け、実行を重んずると同時に、実行の根本たる精神に重きをおき、これらを裏づける文事をもおろそかにしてはいけないことを説いているのである。

「文」は広く文を学ぶことをいい、人生の基本である礼儀作法、学問のたしなみを指したものである。「行」は実行、「忠」は人のために自分の心力を尽くすこと、「信」は信義である。

古今東西を問わず、文・行・忠・信の四つを兼備する人はなかなか見当たらない。明治の英傑伊藤博文も、忠義の心篤《あつ》く信義を重んじ、また文事の素養も深かったが、行動のある点では欠けるところがあった。

歴史上の人物では、中国では宋の司馬温公《しばおんこう》、わが国では菅原道真《みちざね》などが文・行・忠・信の四つそろった人であろうかと思われる。水戸黄門光圀《みつくに》も、あるいは文・行・忠・信の四つが備わった人といえるであろう。

最近のよくない傾向として、道徳に背き、法律に触れてもかまわないという風潮が見られる。これは自己を主張する西洋の文学を誤読・誤解し、他人がいかに迷惑しても自分さえよければそれでよいという気になってしまったからだ。しかし、そんな考えでは、結局自分も立っていけなくなる。利己一点ばりの人間を誰も助けて繁栄させてくれるわけがないのである。

孟子に「助け寡《すく》なきの至りは親戚これに畔《そむ》く」という語がある。じっくり考えてほしい。

16 〝恒《つね》の心〟ある人の後ろには、つねに一本の太い道ができる

子曰《しいわ》く、聖人は吾得《われえ》てこれを見ず、君子者《くんししや》を見ることを得《う》ればこれ可《か》なり。子曰く、善人は吾得てこれを見ず。恒《つね》ある者を見ることを得れば可なり。亡《な》くしてありとなし、虚《むな》しくして盈《み》てりとなし、約《やく》にして泰《たい》となす。難《かた》きかな恒《つね》あること。［述而］

聖人とは、［雍也篇《ようや》］にあるように、広く民に施して大衆を救う積極的人物を指す。つまり

堯《ぎょう》・舜《しゅん》・文《ぶん》・武《ぶ》のような人をいうのである。

しかし、いずれの世でもなかなかそんな人物は見当たらないので、孔子は深くこれを嘆き、せめて才徳完備の君子人でもよいから、これにめぐり会ってみたいと言ったのである。ところがその才徳完備の君子人さえも、いまでは容易に見当たらない。

善人もまた自ら清廉潔白で他人を害しないだけでなく、積極的に仁に志して事業を興す人を指したものである。孔子はこの善人もめったに見ることができないと再び嘆き、それならせめて「恒《つね》の心」ある人物を見つけて満足するよりほかにしかたがないと言ったのである。

恒の心ある人物とは、何事においてもすべて筋道の立ったことばかりを発言し、行ないもする人を指して言う。いやしくも筋道の立たぬことなら、それがどれほど自分の利益になることでも、断じて口にも出さず、行ないもしない人を恒《つね》の心ある人と称すべきである。

最初、孔子を登用して大事にした魯《ろ》の定公《ていこう》、斉の景公、楚の昭公、衛《えい》の霊公《れいこう》はすべて他人のそしりを容れて孔子を捨て去った。これらはみな恒の心ある君主とはいえない。孔子が聖人や君子はもちろん、善人にしてもなかなかめぐり会えない、せめて恒の心ある人を見つけることができればよしとするというのも、もっともなことである。

17 自分がのめり込むものにこそ〝節度〟を設けよ

子《し》釣《つり》して綱《あみ》せず、弋《よく》して宿《しゅく》を射《い》らず。〔述而〕

孔子は釣竿を垂れて魚を釣ることはしても、網を投げて魚を一網打尽《いちもうだじん》にしてしまうような極端なことはしなかった。

また狩猟でも同じで、矢に糸をつけて射る「弋《よく》」で鳥はとるが、不意を襲って巣にいる鳥を撃ち取るようなことはしなかった。

孔子は絶対に殺生《せっしょう》をしないというのではない。殺生をしても、ちゃんとした節度があって、魚は釣りにとどめ、鳥を射るには巣にいる鳥でないものに限ったというところに、孔子の面目が躍如としている。

孟子が「数罟《さくこ》汚池《おち》に入らず。斧斤《ふきん》時を以て山林に入る」と言っているのと、この「釣りして綱せず、弋して宿を射らず」とは同一の精神である。数罟とは網の目の細かい「根こそぎ網」のことで、この網を使って魚の潜んだ濁った池をかき回せば、魚はすべていなくなってしまう。山林を伐採するにしても、時期を選ばず乱伐すれば、どんな広大な山林もたちまち禿山《はげやま》となり、木材も尽き水害も起こる。

今日では漁猟でも一定の期間を定め、鮎はどういう方法を用いて獲ってはいけないとか、カモはいつからいつまでを禁漁にするとかというような規則があり、山林も乱伐を禁じて植えつけを奨励している。これは孔子や孟子の教えと一致している。

狩猟は勇敢の気性《きしょう》を養う。古今東西の貴族たちの好んだものである。むかしは各国とも山林が茂り鳥獣のすむところは広大であった。わが国でも五十年前まではイノシシを獲ることは容易であった。

狩猟は豪傑肌の人によって楽しまれるが、釣りは少し趣きを異にし、もっぱら思慮思索にふける人に好まれる傾向がある。太公望《たいこうぼう》は志を得るまで釣りをしていたというが、ただぼんやりと糸を垂れていたのであるまい。釣りをしながら静かに思索にふけり、天下国家を考えていたのだろう。

18 ひからびた心の畑に〝慈雨《じう》〟を降らせる法

子《し》曰《いわ》く、仁遠《じんとお》からんかな。我仁《われじん》を欲《ほっ》すれば、ここに仁至《じんいた》る。〔述而〕

仁は忠恕《ちゅうじょ》——思いやりの心を推し進めて広く人を愛し、他人と自分との垣根を取り払うことである。つまり仁は自分の心の中にあり、外に求めるものではない。仁は遠くにあって求めがたいとするのは、仁を求める心がない者だ。心から仁を求めようとするならば、仁は近く自分の心の中にあって、即時に仁は得られるものである。

孔子のような仁者が仁を語る場合、仁は遠くにあるものではないが、仁者でない俗人が、単に口先だけで仁を語るのでは、仁はけっして近い存在ではない。なぜならば、その心に最初から仁がないからである。

しかし、努力して学んでこれを求めるならば徳がそなわり、仁を求めれば仁にいたることができる。つまり仁は自ら求めて自ら得るよりほかに方法はないものである。

19　孔子一流の〝生活感覚〟と人生観

子《し》曰《いわ》く、奢《おご》れば則《すなわ》ち不孫《ふそん》。倹《けん》なれば則ち固《こ》。その不孫《ふそん》ならんよりは、寧《むし》ろ固《こ》なれ。〔述而〕

贅沢をすれば華美に流れて身分不相応に尊大となり、倹約も度が過ぎれば頑固になる。どちらも困ったものだが、尊大不遜になるよりはむしろ頑固になったほうがましである。

孔子はこの両方いずれもよくないが、しいていえば贅沢になって尊大になるよりは、むしろ倹約して吝嗇《りんしょく》（ケチ）になったほうがましであるといったのである。しかし、真意をさぐれば、極端に流れず、中庸を保って世をわたるのが理想であると、その気持ちが言外にあふれている（孫＝遜）。

奢《おご》り、すなわち贅沢とは、無益なことに浪費をすることである。吝嗇とは当然支出すべきところにも惜しんで支出しないことである。無益なことにはいっさい浪費せず、支出すべきところには喜んで支出するのが中庸の道である。

ただし、倹約と吝嗇とは実際にこれを区別することがきわめて困難である。

「お役目ご苦労」はなかった黒田如水の〝使い古しタビ〟

大田錦城《きんじょう》の『梧窓漫筆《ごそうまんぴつ》』に、信長・秀吉・家康を批評した一節がある。

「秀吉、天性驕奢《きょうしゃ》で開国創業の道を知らない。大度寛容のところは信長と違っていた。信長は秀吉と違い、豪奢《ごうしゃ》を競うようなことをせず、いたって倹約でよろしかったが、秀吉と違って偏《へん》狭《きょう》なところがあった。家康はこの両者の欠点がなく、秀吉のように驕奢にも流れず、また信長のように固陋《ころう》偏狭にも陥らず、中庸を得ていた……」

戦国大名の黒田孝高《よしたか》（如水）はたいへんな倹約家だった。その時代は足袋《たび》が珍しい品の一つで、下々はめったにこれを着用できなかった。嫡男長政が筑前五十三万石に転封せられ、孝高はその隠居として世人に尊敬される身分だったが、自分の使い古した足袋を集めて、おりおり競《せ》り売りをしたそうだ。ある人が孝高に、

「こんな物ぐらい近習や小姓《こしよう》に与えてはいかがですか」

と言ったところ、孝高は、

「いや、人にはその働きに応じて、それぞれ給料を与えているから、たとえつまらぬものでも理由なく与えてはいけない。またもらう側からいえば他人から理由なくもらうべきものではない。ちりも積もれば大山となる。どんなちっぽけなことでも粗末に取り扱ってはならない」

と訓告したという。

20　〝外形〟を心で調節した孔子の中和法

子《し》、温《おん》にして厲《はげ》し、威《い》あって猛《たけ》からず、恭《きょう》にして安《やす》し。［述而］

この項は門人が孔子の人となりを表現している。先生は一見温和に見えるけれども、どこか厳粛な厲《はげ》（＝烈）しいところがある。そして威厳が備わっているけれども、その中に猛《たけ》からぬ優しいところもあり、また優しく恭敬なところがあっても、コセコセしておらず、自由で安らかで拘束《こうそく》のようすがない。

ふつう人間は温和な人だとめめしくなったり、威厳を貴ぶ人だといばりがちになり、恭敬の態度をもった人だとこせつくようになりやすいものだが、孔子にはそんな一方にかたよるようなところがなく、外形が極端に走ろうとするところは、心の作用でこれを調節し、中和を保っているという。

近頃の青年たちは、心と行ないが違うのを偽善といって、人は偽善に陥らないよう心のままに行動すべきであるなどと説いて、自然主義などを言い立てているが、それはとんでもない誤解である。たとえば、各種の金属を集めて作った時計の振子は、どんな寒暖の変化があっても、各種金属の異なった膨張率によっておのずと調節されて少しも狂いを生じない。それと同じように、人も内容の心理作用と外形の行為とで互いに調節し合い、いずれか一方が極端に走るのを抑制すれば、円満な常識に富んだ人物となり得るものだ。

男女ともに中庸中和の人物となって国民の基礎を創らねばならない。国民の性質が一方にかたよればその国家もまたかたよってしまう。私が知っている人物では、木戸孝允は「温にして厲《れい》」、西郷隆盛は「威あって猛からず」、徳川慶喜は「恭にして安」という人物といえる。

8

【泰伯篇《たいはく》】

孔子の恐ろしいまでの〝現実主義〟

1　なんと五十年先まで読み、実行した泰伯《たいはく》の〝大陰徳〟

子曰《しいわ》く、泰伯《たいはく》はそれ至徳《しとく》と謂《い》うべきのみ。三たび天下を以《もつ》て譲《ゆず》る。民得《たみえ》て称《しょう》することなし。［泰伯］

泰伯は周の大王の長男である。大王に三子があり、長男が泰伯、次男が仲雍《ちゅうよう》、三男が季歴《きれき》である。季歴に昌《しょう》という子があって、聖徳が備わっていた。そこで大王は王位を季歴に譲って、さらに昌に継がせようと望んだ。泰伯はこれを知って、弟の仲雍とともに国外に出ていった。そこで大王は季歴に国を譲り、昌に王位を継がせることができた。

孔子は泰伯が父の意中を知り、王位を継がなかったことをたたえて、

「泰伯はこの上もない至徳の人である。自分が当然継ぐべき位を譲って父の志を生かし、その譲り方が巧妙で、少しも自慢せず、自分の徳をなるたけ世間に知れないようにして、その形跡を残さなかったから、天下の民は誰一人としてこれを知らず、泰伯を称賛する者はいなかった。これが至徳の姿である」

と言っている。「大功は無名」とか、「大道は称せられず」というのがこれである。

いまどきの人の思想は、泰伯の時代とは大いに異なり、自分のやったことはなるべく世間に知られて、人から称賛してもらいたい傾向があり、自分の手柄を自分で吹聴する者さえある。これに反して泰伯は、謙譲を主義として徳義を重んじ、自分の功績はなるたけ世に知られないようにした。この点を孔子は称賛したのである。

道徳も西洋と東洋ではまるで正反対なこともある

では、この流儀の道徳を今日の世で行なうことができるかどうかというと、いまの道徳からいえば、自分の働きは自然と世の中に表われてしまうようになるではないかという議論がある。これは東洋道徳と西洋道徳の違いである。

西洋道徳の大本は、福音書マタイ伝の中に、「人は自分で善事をするとともに、よいことはなるべく他人に勧めて行なわせるのが人の務めである」というのがある。

これに反して東洋道徳の大本は、「おのれの欲せざる所は人に施すこと勿《なか》れ」というところにある。一方は積極的で、自分が実行するだけでなく、他人にも行なわせようとするので、これを「能動」ということができる。他の一方は消極的で、自分にしてほしくないことは他人にもするなというに止まり、これを「受動」ということができる。根本ですでにこの差があり、その末は千里の差を生じる。

泰伯のしたことは、東洋道徳の本領を発揮したもので、自分が当然継ぐべき王位を末弟の季歴に譲って善事を行なったが、もしこれが世間に知れると、父も弟の季歴も世人から非難されるに違いない。そこで泰伯は父が弟の季歴に継がせたいという意思を察知して、世間に知れぬように季歴に継がせたのだ。

泰伯のこのやり方を学んで日本でこれを実行した人は、徳川家康の第十四男で徳川三家の一つ水戸家の初祖中納言頼房《よりふさ》の次男、水戸光圀《みつくに》である。後の水戸黄門で諡《おくりな》を義公という。

2 この"一歩"を知らなければ、せっかくの美徳も悪徳になる

子曰《しいわ》く、恭《うやうや》しくして礼《れい》なければ則《すなわ》ち労《ろう》す。慎《つつ》しんで礼なければ則ち葸《し》す。勇《ゆう》にして礼なければ則ち乱《らん》す。直《ちょく》にして礼なければ則ち絞《こう》す。

［泰伯］

荻生徂徠《おぎゅうそらい》は、

「恭《きょう》・慎《しん》・勇《ゆう》・直《ちょく》は人の徳性である。礼は徳性を養う大本である。もし成り行きに任せ、礼を

もってこれを養わなければ、必ず労《ろう》・葸《し》・乱《らん》・絞《こう》の悪い結果を生じる」

と説明している。また三島中洲も、

「すべての善徳も、礼節を失えば、かえって悪徳となることを言っている」

と解説している。つまり、礼は人の行動の基準であるから、何事を行なうにも礼を忘れず、「中庸」を保ってやらなければならない。

人に対してうやうやしくしても、礼によらなければ骨が折れる。慎重にしても礼によらなければ、いたずらにびくびくしていじける。事をなすにあたり勇気があるのはよいが、礼によらなければ乱暴になる。正直は善徳であるが、礼によらずあくまで正直にやり通すときは、他人の小過失も許せず窮屈になってしまう。

何事も行きすぎは失敗のもとで、礼を踏んで中庸を失わないことが第一である。しかし、礼を踏んで中庸を守り、恭・慎・勇・直の美徳を完成するということは、言うはやすしで、行なうは難いものである。わずかに一歩を進みすぎれば、美徳が変じて悪徳となる。こんな例は世間にいくらでもある。

たとえば、自由も倹約も美徳に違いないが、少しやりすぎると自由は放縦《ほうじゅう》となり倹約は吝嗇《りんしょく》となる。この微妙な限界を誤らずに守り、中庸を保っていくのは至難の技である。

3 〝顔色〟を正しくする人に味方する天の運・地の運

曾子《そうし》疾《やまい》あり。孟敬子《もうけいし》これを問う。曾子《そうし》言うて曰《いわ》く、鳥の将《まさ》に死せんとする、その鳴くや哀《かな》し。人の将《まさ》に死せんとする、その言うや善《よ》し。君子《くんし》の道に貴《たっと》ぶ所の者三つ。容貌《ようぼう》を動かしてここに暴慢《ぼうまん》を遠ざく、顔色《がんしょく》を正しうしてここに信に近づく、辞気《じき》を出《い》だしてここに鄙倍《ひばい》を遠ざく。籩豆《へんとう》のことは、則ち有司《ゆうし》存《そん》す。［泰伯］

魯の国の家老、孟敬子が曾子の病気見舞いのために来訪した。そのとき曾子は、

「死を前にした鳥の鳴き声は哀しく、死に臨んだ人間の言葉は真実である」

と言った。人も鳥もまさに死のうとするときにはみな真情を吐くものであることをいい、敬子に深く注意して聞きなさいと言ったものである。

「政治を行なう君子が、道において最も重んずべきものが三つある。身体の動作は努めて温恭慎重にして、粗野乱暴から遠ざかり、顔色を正しくして真実に近づき、言葉は注意して発して、卑俗から遠ざかることだ。この三つは身を修める要点で政治を行なう基本であるから、十分こ

こに注意することである。祭壇の器（籩豆《へんとう》）などの小さなことは、その担当者に任せておくがよい」

と言った。

4 〝能〟をもって不能に問え

曾子《そうし》曰《いわ》く、能《のう》を以《もつ》て不能に問い、多きを以て寡《すくな》きに問い、あれどもなきがごとく、実《み》つれども虚《むな》しきがごとく、犯《おか》せども而《しか》も校《こう》せず。昔者《むかし》吾《わ》が友、嘗《かつ》て事にここに従う。［泰伯］

曾子が、

「すでに才能があるのに、まだ足りないとして、才能の乏しい人にまでも質問し、知識が多く備わっているのに知識の乏しい人にまでも問い、自分の学問が充実しているのに学問が空っぽのように思い、さらにより多くを得ようとする。また度量を大きくして、人から危害を受けたり無礼な仕打ちをされても、あえてこれに逆らわず、ますます努力勉励して身の修養を完全にしようとする。こういう人が昔、私の友の中にいて、このとおりにやっていた」と言った。昔の友というのは顔淵（顔回）を指すという説もあるが、一歩進めて昔の友という言い方で、自分の体験を述べたと解釈できる。

曾子が謙譲の徳の備わった人であったことは、『論語』の［学而篇］などにもよく表われている。この項はよく東洋道徳の真髄を表現したもので、私もつねに行動のお手本にしている。このように修養を積まなければ、人と接しても調和することができず、世の秩序を円満に保つこともできない。

5　人の上に立つ人は〝弘〟と〝毅〟の二文字に生きよ

曾子《そうし》曰《いわ》く、士《し》は以《もっ》て弘毅《こうき》ならざるべからず。任《にん》重くして道遠し。仁《じん》以《もっ》て己《おの》が任《にん》となす。また重からずや。死してしかしてのち已《や》む。また遠からずや。［泰伯］

いやしくも人の上に立つ男（士）は、弘毅でなければならない。弘は大きいという意味で、その器量の大きく広いことをいう。小さいことにあくせくしたり、つまらぬことで立腹したりしてはいけない。毅は強く断行できる意味で、強く忍び堅く耐え、堪忍《かんにん》に堪忍を重ね、最後に断行する。たとえ学問があり知識があっても、この弘毅の資質がなかったならばとても男の仕事を果たすことはできない。

男の仕事とは何かというと、人間最上の徳である仁の心を体してあらゆることを遂行することである。一国についていえばその政治を正しく行ない、一家であればその家内をよく整え、また会社などの集団では、その社運を大きく正しく発展させることである。その任務たるやまことに重いものである。堅い意志と最後までやり抜くという気魄《きはく》を備えていなければ、これに耐えることはできない。

その責任が重いうえに、これを行なう時間もけっして多くない。一国の政治でも少しの間怠《おこた》れば、すぐ国が乱れてしまう。一家のことでもまた同じ、少しも油断はできない。油断は実に大敵である。上に立つ男の任務を完全に尽くすためには、生のあるかぎり努力し奮闘しなければならない。死んではじめてその責任が解除されるのである。だから士の行くべき道は責任が重くてはるかに遠い。これより遠い道はあるまい。

家康に天下を握らせた最大の〝資質〟

わが国でもっともよい例は徳川家康である。関ケ原の戦争に勝って天下を握ったのち四年、六十一歳の正月十五日に、子孫に遺訓の文を書いている。

「人の一生は重荷を負いて遠き道を行くがごとし、急ぐべからず。
不自由を常と思えば不足なし。心に望み起こらば困窮したるときを思い出すべし。
堪忍《かんにん》は無事長久の基《もとい》、怒りを敵と思え。
勝つことばかり知りて負くることを知らざれば、害その身にいたる。
おのれを責めて人を責むるな。及ばざるは過ぎたるより勝《まさ》れり。
　慶長八年正月十五日
　人はただ　身の程をしれ　くさの葉の　つゆも重きは　おつるものかな」

「人の一生は重荷を負いて遠き道を行くがごとし」というのは、曾子の訓言を平易な日本語に訳したものだが、これは家康の長い年月の血のにじむ体験から得た教訓そのものである。単なる焼き直しではない。

「急ぐべからず」の一句も、自分が天下を取るのに急がなかった実体験からきたものだ。秀吉の死とともに天下は事実上家康のものとなっており、もし家康が功を急げば、早くも将軍の宣《せん》下《げ》があったはずだが、ゆうゆうと自重していた。「急がば回れ」の訓《おし》えもあり、急《せ》いては事を仕損じるという諺もある。

「不自由を常と思えば不足なし」の語も、「足ることを知れば富む」などの古訓からもってきた紙上の空言ではない。家康はもともと小大名の子で人質となるくらいだから、不自由をなめ尽くした体験からきている。

「心に望み起こらば困窮したるときを思い出すべし」。これもまた家康の自制心を示したものである。

獅子身中の一番の〝強敵〟

「堪忍は無事長久の基《もとい》」。これも家康が自ら実践してきたもので、忍耐に忍耐を重ね、大阪の諸将が天下を推して家康に贈るまで、家康は自分から手出しをしなかったのである。小牧の一戦で秀吉が講和しようと言えば応じて停戦し、秀吉が関八州を与えようと言えば、これを受けて祖先伝来の三河を抛棄《ほうき》する。北条進撃の先手ともなり、朝鮮征伐の謀議にも参加し、時代に順応して自然に大成した。これは堪忍力が非常に強く、辛抱の心が絶対強くなければできないことだ。

怒りは堪忍の反対である。怒りの火焔はすぐさま身も国も焼き尽くす。明智光秀は信長の仕打ちを怒って反逆し、柴田勝家は秀吉の急上昇を怒って秀吉をつぶそうとして、二人ともかえって身を亡ぼしてしまった。「怒りを敵と思え」。この敵を退治すれば、堪忍の徳は日々に成長し、無事の境界に到達し子孫は長久の幸せを得るのである。

「勝つことばかり知りて負くることを知らざれば、害その身にいたる」。そのいちじるしい例は、斎藤龍興《たつおき》、武田勝頼、龍造寺隆信《りゅうぞうじ》、島津義久、北条氏直《うじなお》らである。外国ではフランスのナポレオン、ドイツのカイゼルがその好例である。家康は過去の見聞を生かし、つねに勝つことばかり考えず、講和すべきときはそうするし、譲るべきは譲ってきた。

家康の四天王・旗本八万騎の強さの秘密

「おのれを責めて人を責むるな」は、これも家康が実行したことだ。責任の重い者は衆知を集めなければならない。人の長所をとり短所を責めず、その器に応じて使えばうらみの声も出ず、おのおのがその力を発揮してくれる。

おのれを責めるは謙譲の徳である。謙譲ならば人は敬ってくれる。驕慢ならば人は憎む。人に憎まれては遠い道を行くことはできない。

家康に四天王がいて旗本八万騎がいた。これは家康の寛広な人となりで、人を責めず自分のいたらない点を責めた結果といえよう。

物事は中庸を得るのが第一だが、この中庸を得ることは至難である。中庸を得るためには「過ぎたるよりも及ばざるをよし」というやり方もある。やりすごしたことは取り返しがつかないが、足りないところは後から補足することもできる。

この遺訓の貴重な点は、すべて『論語』の説に基づいていることだ。しかも漢文の論語を平易な通俗文に書き下している。しかもことごとく家康の自ら体験したことばかりで、学問あり、思慮あり、見識あり、忍耐あり、節制あり、自分の力で自分の運命を開拓した成功者の、実体験から得た知恵の結晶というべきものである。

6　孔子の恐ろしいまでの〝現実主義〟

子《し》曰《いわ》く、民《たみ》はこれに由《よ》らしむべし。これを知らしむべからず。［泰伯］

三島中洲《ちゅうしゅう》の説では、「君子が政治をする際に、法律を創り命令を出すが、それにはすべて理由・根拠がある。国民はその理由・根拠がわかれば、その政令に従いやすく政治は円滑に実施できる。

聖君もこのように国民に知らせる政治をやりたいのだが、大衆は愚昧《ぐまい》だから、その理由をいちいち納得させることができない。だからやむを得ず、政令に従わせるが、その説明はしない。

この項は聖人の意志を言っているのではなく、政治の実際面を述べているだけだ。理想はわかっていながら、その実行が困難なことを言っているのだ」としている。

この解説は妥当であろう。一方では「人民をよく導いて、政令にのっとった生活をさせればよいので、その理由など知らせてはならない」と断言する説もある。つまり、政令というものは、太陽や水や火と同じで、その実体の説明がなくても、それによって人間は生きているのであって、改めて知る必要がない、というのである。

民は国の基で、民がなくてどうして政治が存在できようか。政治の本筋はその律法・政令をすべて民に知らせることなのだが、現実問題として民の知識レベルが低すぎるので、やむをえずしばらくは政治に依存させようということだと思う。程子《ていし》や朱子の解釈がこれである。

そもそも独裁政治は蒙昧《もうまい》時代から開明時代にいたる過渡期の一つの便法である。古代中国の政治は独裁だったことは事実だ。周の時代に政治の内容を民に知らせようと努めたかどうかは断言できないが、万民を安心させるためには政治のあり方、内容を理解納得させることが最上策である。それができれば、民はその政令に従い、政治は円滑に運行されるはずだ。どうして、それを民に隠して民と対抗する必要があろう。

孔子はつねに進歩主義をとっていたから、当時の政治の実際が、そのまま孔子の思想、主義だと速断してはならない。

7　希代の〝天才〟がたった一つ恐れていたこと

子曰《しいわ》く、もし周公《しゅうこう》の才《さい》の美《び》あるも、驕《おご》りかつ吝《りん》ならしめば、その余《よ》は観《み》るに足《た》らざるのみ。〔泰伯〕

孔子は、

「周公旦《しゅうこうたん》は多才な人で知能にすぐれて諸種の技芸に通じ、すべてが精妙の域に達していた人だが、もし周公と同レベルの才能があっても、自分の才を鼻にかけて驕《おご》り、また物惜しみする人ならば、その才能だけでなくその他のこともすべてとるに足らない」

と、深く驕慢と物惜しみを戒めた。この二つの悪徳を強調するために、名高い周公の才を引き合いに出して戒めたものである。

『大学』に「忠信もってこれを得、驕泰《きょうたい》もってこれを失う」とあり、誠心誠意を尽くし、欺かず偽らなければ天下をも得ることができるが、反対に驕慢で驕りたかぶった態度に流れると天下を失うことになる。一家のことでも同じで、一生懸命に若いときから働いて一家を興しても、それに安心して驕ってしまうと、たちまち元の無一文となる。

たとえば、豊臣秀吉は尾張国中村の一寒村に生まれ、偉才をもって功労を積んで、ついに天下統一の大業を成就したが、安心して驕ったために子孫にその地位を保たせることができなかった。これに対して徳川家康は、『論語』を読んで儒学を大いに奨励し、努めて驕りたかぶらないようにしたため、二百六十余年もの長い年月にわたって徳川の天下を繁栄・維持できたのだと思われる。

荻生徂徠が、「驕ればすなわち君子を失い、吝《りん》なればすなわち小人を失う。人の上にある所《ゆえ》以《ん》にあらざるなり」と、明快に解説している。

名軍師、諸葛孔明《しょかつこうめい》が、

「将は驕ってはいけない。驕れば礼を失う。礼を失えば人心は離れる。人心が離れれば必ず背く。将は物惜しみをするな。惜しめば賞を与えなくなる。賞を与えなければ、兵は命令に従わなくなる」

と説いている。諸葛孔明が人心をつかむことがいかに上手であったか、よくわかる。

8 〝出処進退〟の男の美学・行動哲学

子《し》曰《いわ》く、信を篤《あつ》くし学を好み、死を守り道を善《よ》くす。危邦《きほう》には入《い》らず、乱邦《らんぽう》には居《お》らず。天下道《みち》あれば則《すなわ》ち見《あら》われ、道なければ則ち隠る。邦《くに》道あって、貧しくかつ賤《いや》しきは恥《はじ》なり。邦《くに》道なくして、富《と》みかつ貴《たっと》きは恥なり。［泰伯］

孔子は、君子は学を好み道を守り、そして出処進退の際、その身とその道と二つとも守るべきことを説いた。そして、さらに詳しく次のように述べた。

君子は確信をもって正しい道を行かなければならない。そして、この確信を得るには学問を好み判断力を身につけなければならない。妄信ではなく、学問によって事物に対し是非善悪の判断力を養い、これが正しい道であると信じた以上は、たとえどんな困難にぶつかっても、死力を尽くしてこれを守り勇往邁進《ゆうおうまいしん》して、道を傷つけるようなことがあってはならない。

君子が道を貫くためには、国家危急の場合は生命を投げうって尽くさなくてはならない。まさに乱れようとする危ない国に仕えている者は逃げ出してはいけない。しかし、関係もないのに危ない国と知りつつその国に行くのは愚かである。無益の犬死にだから行ってはいけない。君臣上下の秩序のない乱れた国にいて、仕官していなければ、すぐさま立ち去って災いに巻き込まれないようにすべきである。天下いずれの国でも、その政治に道があって自分の道が行なわれるときは、表立って活動し、これに反して政治に道がなく、乱れているときは、身を隠すことだ。

国に道があって、その君主が登用しようとするのに、仕えないで貧賤の境界にいるのは恥ずべきことだ。これに反して、国に道がなく、その君主が愚かで、自分の道が行なわれそうもないのに、なお富貴の地位に留まっているのは、これまた恥ずべきことである。

亀井南冥《なんめい》は、本文の「死を守り」とあるのを、「死をいとしむ」と解釈し、「身を守り死地に近づかないこと。道をよくするは、身をよくすると同じで、身は道を抱《いだ》く器であるから身をよくするということは道をよくするということだ。二言を合わせて道を守り身をよくすると言っている」としている。

これはおもしろい一つの解釈だが、個人ということを重く見すぎたきらいがある。中国の国情は日本とは大いに異なり、ことに周代の末では安んじて一命を投げ出せる時代ではないが、いやしくも君子たる者は、自分の身の用心ばかりするわけにはいかない。

『論語』の中に、子路の質問に答えて「利を見て義を思い、危うきを見て命を授け」と孔子が言っているように、自分が仕えている国が危うくなったときには、一命をも投げうつのが聖人であり、君子であるのだ。

わが日本国が危なくなったときは、外国にいる者はみな帰国して来て、祖国防衛に務めなければならない。祖国にいる者はもちろん、あくまで踏み留まって場合によっては一命をも捧げなければならない。けっして外国に逃げ出そうなど考えてはならない。また、国が乱れるようなことがあれば、進んで国家の改造に力を出さなければならない。私はさらに一歩を進めて、日本国民は誰であれ積極的につねに国家のために考え、憂い、国家の危機や乱れが生じないよう努力してほしいと思っている。

9　太鼓は中が空洞だからこそ大きな音が出る

子《し》曰《いわ》く、狂《きょう》にして直《ちょく》ならず。侗《どう》にして愿《げん》ならず。悾悾《くうくう》として信《しん》ならずんば、吾《われ》これを知《し》らず。〔泰伯〕

「狂」は志が大きいが実行がこれに伴わないことをいう。たいてい正直で進取の気性が盛んだから、教育すれば相当役に立つものである。しかし、「狂」で正直でなかったならば、まったく取り柄がない。

「侗《どう》」（無知）なる人は、その反面、律儀でまじめである。だから道理を説いて聞かせれば素直に受けて、その無知を啓発することができ、いつかは一人前の人間となり、世の役に立つ者になるが、無知のうえにまじめでなかったら、まったく手の打ちようがない。

「悾悾《くうくう》」（無芸無能）の人は、その反面において人に対して誠実である。だからこれを教育していけば、それなりに役立つ人間になるものだが、無芸無能で、そのうえに誠実さが少しもないとすれば、とうてい人間らしい人間に仕立てることはおぼつかない。

要するに狂でも直であり、侗《どう》でも愿《げん》（まじめ）であり、悾悾《くうくう》でも信であれば、教育しだいではひとかどの人間となり、世の役に立つ。

ところが、一般にはこれに反して多くは狂であるのに直でなく、侗であるのに愿でなく、悾悾であるのに信でないから、人間として最も困った連中である。

孔子は、これを深く嘆いて、「吾これを知らず」と言った。荻生徂徠は、「吾これを知らずとは、救いようがないという意味だ」と解説している。こんな人はまったく手のつけようがないといって見離したのである。朱子はこれを「天下の棄材なり」と言っている。

現代の青年はどうだろう。志ばかりは大きいが実行が伴わず、大言壮語の人が多い。無知でありながら、その分際をわきまえず、世間の出来事についてわいわい騒ぎ回って、まじめな態度を失い、落ち着いて勉強する人が少ない。また無芸無能の者が恥ずかしげもなく政談演説をやって、無責任不誠実の言語をもてあそぶ者が少なくない。

こんな遊民がたくさん発生するのは、国家のためにも本人のためにも、はなはだ嘆かわしい。

10　一日の怠慢は〝十年の不作〟につながる

子《し》曰《いわ》く、学ぶことは及《およ》ばざるがごとくす。なおこれを失わんことを恐る。〔泰伯〕

学問の修業は、その奥深いところをきわめようとするには、寸時も怠ってはならない。つねに心がけて勉強しても、これで十分というところにはいたらないから、いつもまだ到達しないような心情で励まねばならないことを説いている。こうしていながらもなお、あるいは忘れてしまわないかと心配するのである。

三島中洲は、

「足の早い走者を一生懸命に追いかけて、どうしても追いつけないような気持ちで勉強する必要がある。急いで追いかけても、力が足りないときは、その人を見失って目標がなくなってしまいそうになる。学問も一心不乱に集中して勉強しても、なお手が届かないことさえある。瞬時も怠らず努力することだ」

と比喩をもって説明している。

今日の学者の中にはまじめに研究して、古人の説をきわめている立派な人もいないわけではないが、多くは一知半解の学問を振り回す広告的学者で、なんでも誇張し、古人の説などについても真髄をきわめず、得々としてこれを吹聴するいわゆる半可通《はんかつう》の多いのも事実である。篤学の人が少なく、軽薄な学者が多くなったのも困ったものである。学者たちの大いなる反省を望む。

9

男子一生の〝本懐〟をどこに求めるか

【子罕《しかん》・先進《せんしん》篇】

1 孔子が自由自在に生きるため特に注意した四つの〝わがまま〟

子《し》四《よつ》を絶《た》つ。意《い》毋《な》く、必《ひつ》毋《な》く、固《こ》毋《な》く、我《が》毋《な》しと。[子罕]

人は元来感情の動物であるから、意《い》・必《ひつ》・固《こ》・我《が》（勝手な心・無理押し・執着・片意地）を絶つといっても、まったくこれをなくしてしまえば生きていけない。だからこの四つのものをいっさい絶ってしまうということはできない。

孔子の教えもこれを全然なくするということではなくて、この語にみな「私」の字を補ってみると理解できる。すなわちこの四つが「私」に基づいて不道理に働く場合を絶つべきだというのである。つまり何事を行なうにも道理にかない、徳義にもとらず、無私であれと訓《おし》えたものである。孔子にしても意・必・固・我がないわけではない。ただ意・必・固・我に「私」がないのである。

人には喜・怒・哀・楽・愛・悪（憎）・欲の七つの情がある。この七情の発動がすべて義にかなうようにしなければならない。こうするためには自分の感情をコントロールし、自分の隠れた欠点を直さなければならない。ところが悲しいことがあっても悲しい顔を見せず、うれしいことがあっても喜んだ顔を見せない人がいるが、これは偽りである。聖人はうれしいときには喜び、悲しいときには悲しんで、七情の発動を理にかなうようにしている。

孔子は「七十にして心の欲する所に従うて矩《のり》を踰《こ》えず」と言っているが、心の命じるままに言動し、しかも少しも道理に背かず、無理なく原理原則に合っているという意味にほかならない。人間の七情の発動がこの境地に到達しなければ真正の人間といえない。本項は孔子の徳が輪郭がはっきりしないままで、この素晴らしい境地に到達していることを言ったものである。

2 頭を大いに使って知恵をしぼり出す楽しみ

子《し》曰《いわ》く、吾《われ》知ることあらんか、知ることなきなり。鄙夫《ひふ》あり、来《き》たりて我《われ》に問う。空空如《くうくうじょ》たり。我《われ》その両端《りょうたん》を叩き而《しか》して竭《つく》せり。［子罕］

孔子は言う。

「私は物知りか。いやそうではない。しかし、無知な男がまじめに質問してきたら、私は自分の頭の隅々まで叩いて、知恵をしぼって真剣に答えてやる」

これは、孔子が貧富貴賤を同一視して、どんなつまらぬ男に対しても、またどんなつまらぬ問題に対しても、少しもいやがらず、親切に物事の始終本末を尽くして答弁している態度を示したものである。

私はいつも孔子のこの心を我が心として人に接している。私は今年八十五歳の老齢であるけれども、毎朝少なくとも十人くらいの訪問客に応対している。私は遅くとも朝六時半には起きて入浴し、手紙にひととおり眼を通し、七時半に食事が終わると待っている訪問客に面会する。

来訪の用向きは各人各様で、事業についての意見を求める人があり、寄附金の勧誘もあるし、就職の依頼もあり、いちいち数え切れないが、私を利用しようとして訪問する人も少なくない。

しかし私はどんな人に対しても、毎朝九時半から十時までは時間の許すかぎり面談し、その用向きについては、なるべく解決を与えてあげる主義を採っている。

3 「九仞《きゅうじん》の功《こう》」を一気に完成させるこの信念

子《し》曰《いわ》く、譬《たと》えば山を為《つく》るがごとし。未《いま》だ一簣《き》を成《な》さずして、止《や》むは、

吾が止《や》むなり。譬《たと》えば地を平《たい》らぐるがごとし。一簣《き》を覆《こぼ》すと雖《いえど》も、進むは、吾が往《ゆ》くなり。〔子罕〕

この孔子の言葉は、『書経』の「山をつくる九仞《じん》、功一簣《き》に虧《か》く」から出たものである。努力して学問をし徳を修め、それがまさに完成しようとする寸前に飽きて怠けることをいう。土を運んで山を築き、功を積んで九仞《じん》（一仞は七尺）の高さにまでなり、あともう一簣《き》（もっこ一杯）の土を運べば完成するのに、これを怠れば、いままでの努力はみな水の泡となる。その完成を目の前にして、わずかの苦労を惜しんでこれを止めてしまい、いっさいを無にするのは、志が弱いからである。

志を立て学問に励む者が、その志を堅固にして、進んで怠らないのは、たとえてみれば、低い土地に土を運び入れてこれを埋め立て平らにしようとし、その最初のわずか一杯の土を運び込み、それでやめないでさらにその作業を続ければ、ついにはそこを平坦な土地にすることに成功する。

学問が成就するかしないかは、すべて自分の志が堅いか堅くないかによることで、他人の関知するところではない、すべてが自分の責任である。文中の二つの「吾」の字に注目してほしい。

4　困難こそ〝幸福の母〟なり！　けっしてあきらめるな

子曰《しいわ》く、苗《なえ》にして秀《ひい》でざるものあるか。秀《ひい》でて実《みの》らざるものあるか。

［子罕］

穀物が芽を出して苗になっても、なかには花もつけずに枯れてしまうものもある。また花をつけても実を結ばないまま枯れてしまうものもある。農夫の力が足りないために、実を結ぶべき穀物を中途で枯らしてしまうのは惜しむべきことである。

学問を志す者も、この穀物の苗と同じである。怠けず怠らず努力して休まなければ、ついには賢人聖人となり、一国の君主を助けて仁政を施し、人民を救うことができるのに、中途で怠けて学問をやめてしまう者がいるのは残念なことだ、と孔子が嘆いた言葉がこれである。

木の葉の下をくぐる一滴の水の威力

［泰伯篇］「士はもって弘毅ならざるべからず」を引用した家康の遺訓「人の一生は重荷を負

いて遠き道を行くがごとし」のように辛抱強く努力を続けなければならない。「精神一到、何事か成らざらん」の古語のとおりである。これは、この八十五歳の老人の実感である。

すゑつひに　海となるべき　やま水も　しばし木の葉の　したくぐるなり

という古歌がある。水が初めて深山の岩の間から湧き出て、まだ力が弱い浅い細い流れのときは、一枚の木の葉にさえぎられることもあるが、苦労して木の葉の下をくぐり抜け、いくつかの流れと合流して力を増せば岩石さえも壊して海に降って、ついに大海の水となって大船をも浮かべることができる。

青年の成長発達もこのとおりである。困難は幸福の母である。秀吉も信長の草履取りをしなければ天下をつかむことはなく、家康も今川の人質で苦労をしなければ「堪忍《かんにん》は無事長久の基《もとい》」という遺訓を残す経験もなかったであろう。

5　四十歳、五十歳を〝いい顔〟で迎える準備

子《し》曰《いわ》く、後生《こうせい》畏《おそ》るべし。焉《いずく》んぞ来者《らいしゃ》の今に如《し》かざるを知らんや。四十五十にして而《しか》して聞《きこ》ゆることなきはこれまた畏《おそ》るるに足《た》らざるのみ。［子罕］

孔子は言う。

「後進の青年は恐るべきだ。年を加え気力も盛んとなり、学業を修めて進み続ければ、その到達するところは測り知れない。後進の者たちが、どうして現在の私たちに及ばないといえようか。どんな英才盛徳の人が出てくるかもしれないからだ。しかし、もし学問を怠け行ないを修めず、四十、五十歳になっても、名声が聞こえてこないようなら、これはもう恐れるに足りない」

この項は孔子が相当の年齢になってから言ったものらしい。はじめは後生恐るべしと言って若い人たちを大いにこれをもち上げ、あとは恐るるに足らずと言って大いにこれを抑え、若いときに学問に励まなければ、いたずらに年をとるだけで、つまらない棄材となることを戒めた項である。

老人になると、とかく過去だけをかえりみてその感想を語る悪いくせが出る。たとえば、昔の力士は大きかったとか、昔の俳優は今の役者よりも上手であったというようなことを、よく耳にする。これに対して若い人は過去が少ないから未来ばかりを説く。その未来のあるのがすなわち若い人の生命で、努力し続けて止めなければ必ず名を成すものである。

6　孔子一流の〝説得〟の極意

子《し》曰《いわ》く、法語《ほうご》の言《げん》は、能《よ》く従うことなからんや。これを改むるを貴《たっと》しとなす。巽与《そんよ》の言は、能《よ》く説《よろこ》ぶことなからんや。これを繹《たず》ぬるを貴《たっと》しとなす。説《よろこ》びて繹《たず》ねず、従うて改めざるは、吾《われ》これを如何《いかん》ともする末《な》きのみ。［子罕］

人を教え諭《さと》すには、正面から古《いにしえ》の聖賢の教えの言葉（法語）を引用して説く正言と、遠まわしに遠慮していう言葉（巽与《そんよ》の言）で説く二種類がある。

たとえば、親孝行を勧める場合、昔の聖賢の格言を掲げて子の道を説くのと、直接その問題に触れずに、「二十四孝」（中国の『全相二十四孝詩選』に基づき、五言絶句の漢詩を掲げ、その注解を和文で綴った御伽《おとぎ》草子）の話をするとか、親不孝をした人の話などをして、それとなく親孝行を勧めるというやり方である。

しかし、正当な教訓には誰も服従しない人はいないが、ただ服従するだけで自分の行ないを改めなければ何の益もない。これを改めることをもって貴しとなすのである。またおもしろいたとえ話を引用して、口あたりのよい言葉で婉曲に教えさとすときは、誰も喜ばない人はいないが、ただ喜ぶだけで、その訓話の意味がどこにあるかを繹《たず》（尋ね究めること）ねなければ、これまた何の益もないと戒めたのである。

私もこれまで長い間には、人に対して訓戒を与えたこともあり、誘導的意見を述べたこともたびたびあるが、その相手の性格と時と場合とを考えて、正面からだけでなく側面から婉曲に説いたほうが効果がある場合があった。

一方、聞かされる人の中には、反省して行ないを改める人もあるが、その場限りで聞き流しにしてしまう人もある。前者は前途のある人だが、後者は将来のない人である。この教訓の仕方は現代の人もよく考え活用すべきことであって、人を教え諭すには学問・道徳で正面から攻めるよりも、遠まわしに柔らかく説くほうが効果が大きいことを、私の経験上から思い当たることがある。

7　男子一生の〝本懐〟をどこに求めるか

子曰《しいわ》く、三軍は帥《すい》を奪《うば》うべきなり。匹夫《ひっぷ》は志《こころざし》を奪うべからざるなり。［子罕］

大軍（三軍）の総大将は奪い取ることはできても、身分が低くても男の志は奪い取ることはできない、という意味で、立志の尊さと人の意志の強さを説いている。

三軍の人数は、「大国は三軍あり。一万二千五百人を軍となす」とあり、三軍は三万七千五百人となる。すなわち前軍・中軍・後軍の三万七千五百人の大軍である。

わが国でも源義家は安倍宗任《あべのむねとう》を生け捕りにし、源義経は平宗盛を捕虜にし、織田信長は今川義元を倒し、毛利元就《もとなり》は尼子晴久を生け捕りにし、島津義久は龍造寺隆信《りゅうぞうじたかのぶ》を敗死させた。これはみな三軍の帥を奪ったのである。

ところが、大したこともない男や女でも、その志を奪うことは不可能だ。頼朝も白拍子静《しずか》御前を意のままにすることができなかった。元就も山中鹿之介を屈服させることができなかったが、これもその一例である。一方に三軍の帥という強い権力を出し、他方に気力微弱な匹夫を引き合いに出して比較対照したのは、下句の意味を強めるためである。匹夫でさえこうであるから、匹夫でない立志堅固な者ならなおさらである。

上に立つ人で人民を侮り暴威を振るい、あげくの果てにみじめな末路をたどる者は、たいていみな人民の志は奪うことができないのを知らないからである。勤王の志士を侮り、安政の大獄で頼三樹三郎《らいみきさぶろう》・梅田雲浜《うんぴん》以下数十人を斬殺したが、その志を奪うことができず、かえって暗殺された井伊大老などが好例である。

要するに堅く決心した匹夫《ひっぷ》の志は、どんな強圧を加えても、どんな威嚇を加えても、けっしてこれを奪うことはできないものである。民の心の重んずべきを知らなければならない。

8　松柏《しょうはく》に学ぶ周囲の変化に負けない忍耐力、毅然たる態度

子《し》曰《いわ》く、歳《とし》寒く然《しか》るのち松柏《しょうはく》の凋《しぼ》むに後《おく》るるを知るなり。［子罕］

松の緑も春になれば、ひとしお色鮮やかとなる。春夏と気候が温暖になるにつれて、草木はみな同じように枝葉が茂るが、秋冷の候からしだいに黄ばみ始め、厳寒ともなれば、ほとんど

の木は落葉して、生気がなくなってしまう。

その中で松と柏だけは緑の色を変えず、蒼然として風雪に耐えている。ほとんどの木が脆《ぜい》弱《じゃく》なのに、周囲の変化に負けない堅忍さを松や柏は示している。

天下無事のときは人々はみな同じように見えるけれども、いったん利害がからみ事変に遭えば、小人はみな萎縮して利に走り身を守るが、道を学んだ君子は節義を守って、生死禍福のために心を動かすことなく、あたかも松や柏が極寒に耐えているようだとたとえたものである。

荀子《じゅんし》の詩に有名な句がある。「歳寒うしてのち松柏を知り、事難うしてのち智者を知る」まさに真理である。残念ながら、いつの世にも匹夫や小人が多く、松柏のような毅然たる君子は少ないものである。

9　これこそ「知・仁・勇」三徳のバランスに秀でた人物

子《し》曰《いわ》く、知者《ちしゃ》は惑《まど》わず、仁者《じんしゃ》は憂《うれ》えず、勇者《ゆうしゃ》は懼《おそ》れず。［子罕］

この項は知・仁・勇の三徳を説いたものである。知恵があればすべて物事の道理がわかり、その是非正邪を判断することができるから、事に臨んで迷うようなことがない。これが知者の徳である。

仁者のことはしばしば述べるように、『論語』には、ある場合にはきわめて狭義に解釈し、ある場合には非常に広義に説かれている。ある場合には人を愛する情であるとか、他人の難儀を救う行為を仁としている。またある場合にはよく天下国家を治め、万民を安住させることを仁の極致であると言っている。

つまり仁者は天命を知り、一点の私心がなく、おのれの分を尽くし、人間としての道を行なうのであるから、いささかの煩悶《はんもん》もなく、すべての物事に対して憂いというものがない。心中つねに洋々たる春の海のような気分である。これはいかに巨万の富を積んでも、とうてい金で買えない仁者に備わる徳である。

勇者はその心が大きく強く、つねに道義にかない虚心坦懐《きょしんたんかい》であるから、何事に遭遇しても恐れることがない。これが勇者の徳である。この三徳が備わっていたならば、人間として完全だということができる。人としての典型・鑑である。われわれはこの域にとても達することはできないまでも、どうにかしてこの三徳に近づくように努力する精神をもちたいものである。

人間というものは知と勇ばかりではいけない。知恵のある人、勇気のある人はもとより貴ぶべきではあるが、知勇は性格上の一部分であって、これだけで完全な人ということはできない。仁を兼ね備えて、はじめて人間としての価値が生ずるのである。だから仁が最上の徳である。

ところが、昔の英雄・豪傑・偉人・哲人の性行を調べてみると知・仁・勇の三徳を完備した人がはなはだ少ない。多くは一方にかたより、知者は仁徳に薄く、あるいは仁者は勇気に乏しく、あるいは勇者は知恵が足りないというように、三徳兼備の人は少ないものである。なかには知はあるけれども、いわゆる奸智《かんち》・悪知恵であり、勇はあるけれども、蛮勇・猪勇《ちよゆう》にすぎないという人もいる。

知・仁・勇三徳兼備の人は、なかなか見出せないが、アメリカ初代大統領ワシントンはまずその人であろうと思われる。わが国では、多少の欠点はあったとしても徳川家康であろうと思う。ナポレオン、ピョートル大帝、アレキサンダー大王、豊臣秀吉などは、いずれも非凡な英傑に違いないが、たいてい一徳か二徳にかたよっていたようだ。

10　常道だけでなく「権道・変道」にうまく処してこそ人生の達人

子《し》曰《いわ》く、与《とも》に共《とも》に学ぶべし、未《いま》だ与《とも》に道《みち》に適《ゆ》くべからず。与《とも》に道に適《ゆ》くべし、未《いま》だ与《とも》に立つべからず。与《とも》に立つべし、未だ与《とも》に権《はか》るべからず。［子罕］

この項は、ともに事をはかるに足る人が少ないということを言っており、「未だ与に権《はか》るべからず」に最も重点をおいている。道、すなわち人の踏むべき常道を学ぶには手順があり、レベルを越えてはいけない。

浅いところからしだいに深いところに進ませなければならない。まだそのレベルでないところを強制してはならない。生まれつき優秀で学に志のある者は、一緒に学ぶことができる。しかし学ぶのはただ学問だけであって、至善の道を知っていて、これに到達できるものとみなしてはいけない。

さらに一段進み、至善の道のあるところを知ってこれに到達しようと志す者は、ともにその道を行くがよい。しかし、道に行くのは、ただ道があるところを知って向かうところを得ただけで、まだ道を身心に修めたわけではないから、道に立ったとみなしてはいけない。またさらに一段進んで、道を身心に修得し外物のために左右されない境地にいたれば、ともに道に立つことができる。

およそ人生は、わかりやすい簡単なことばかりでなく、葛藤紛糾《かっとうふんきゅう》、千変万化、その処置に迷うことが多々ある。そのときそのときに正しくして誤ることがなくなって、はじめて真に道を学び得たといえる。ここにいたるには段階・順序がある。禅家の「一朝直入如来地《いっちょうじきにゅうにょらいち》」というようにはいかない。

要するに道に常道があり権道《けんどう》があり、また正道があり変道があり、その常道・正道に処しても、権道・変道に処しても、義にかない、善にかなうように処置していける人だけが、はじめて真正の達人といえるのである。

11　自分の子に「最高の自己実現」をさせる親の心得

子曰《しいわ》く、孝なるかな閔子騫《びんしけん》。人その父母昆弟《こんてい》の言《こと》を間《かん》せず。〔先進〕

閔子騫《びんしけん》は有名な「二十四孝」に出ている一人で、わが国にもよく知られている。これは孔子が門人の閔子騫が父母に孝養を尽くすのをほめて賛美した言葉である。直訳すれば、「孝行だなあ、閔子騫は。彼の父母や兄弟の悪口を言う者は誰一人いない」となるが、その背景には自分を冷遇した義母、義弟への不平を口に出さず、かえって弁護していた事実がある。

子が親に孝行を尽くすということは、もとよりその子自身の心がけにあるが、ある場合においては、その子に孝行をさせるのも親の仕向け方いかんによることもある。

たとえば、親のすることを模範として子が従ってよい場合もあるけれども、家業に盛衰変遷があり、時勢に推移進化があるから、無理に自分と同じ道を歩かせようとするのは時代錯誤である。

もし孝道を窮屈に解釈して、親の命に逆らうなといえば、子はそのために拘束されて自分の長所を伸ばすことができなくなる。つまり、もし自分の天分を発揮しようとすれば、かえって不孝の子となってしまう。

こういう場合には親たるものは大いに考慮して子を強制せず、子を自由に走らせ、その天稟《てんぴん》の才を伸ばすように仕向けるのがよい。その子は不孝の子どころか天賦の手腕を振るい長所を発揮して、身を立て世に出てあっぱれの大孝を尽くすことになる。

父親の〝あの一言〟がなければ、いまの私渋沢はなかった

私の父は農業と藍の商売をしていた。私も二十四歳までは父の家業を助けていたが、時勢の波に誘われて文久三年十一月、江戸に出た。父は私の志の堅いことを見抜いて、

「人にはおのおの備わった才能がある。またおのおの異なった性分がある。その性分の好む所に向かって驀進《ばくしん》するのが、天分の才能を発揮する方法であるから、お前を遠く外へ出したくはないけれども、お前の決心もわかったし、また必ずしも悪い思いつきでもない。強《し》いて止めればお前は家出するだろう。そうなれば不孝の子となるから、強いて止めはしない。お前の身体

はお前の自由にするがよい。望みどおり出発せよ」

と言って、私の希望を許してくれて、旅費として百両も与えられた。こうした父の理解によって、私は不孝の子にならずにすんだ。

私が世間に出て人にも認められ、多少なりとも実業界の発達のために貢献することができたのは父のお蔭である。自分の体験から、世間の親子に一考してほしいと思う。いまは時勢が昔と変わっている。人の親たる者は時勢の進化変遷を考慮して、古い道徳にとらわれず新生面を開き、子の自由を束縛せず、その天稟の才能を発揮させるようにしたほうがよい。つまり親が子に仕向ける方法を改善していくのが、子に孝行させる近道であろうと思う。

12　人生最高の〝殺し文句〟

子《し》、匡《きょう》に畏《おそ》る。顔淵後《がんえんおく》れたり。子《し》曰《いわ》く、吾女《われなんじ》を以《もっ》て死したりとなしたりと。曰《いわ》く、子《し》在《いま》す。回何《かいなん》ぞ敢《あえ》て死せんやと。［先進］

孔子が五十六歳のとき、衛を去って鄭《てい》に行く途中、宋国の匡《きょう》という土地を通った。陽虎《ようこ》という者がかつて匡で暴れたことがあり、悪いことに孔子の顔形が陽虎に似ていた。匡人は孔子たちを野原に五日間も包囲した。誤解が解けて難を免れたが、この旅に随行していた弟子の顔淵（顔回）は孔子を見失い、おくれて駆けつけたので、孔子は喜んでこれを迎え、

「私はお前がすでに死んだかと思って心配したが、無事であったか」

と言った。顔回は、

「先生が難を免れて無事におられる以上は、なんで軽々しく闘って犬死になどしましょうか」

と答えた。その言外に、

「もし不幸にして先生が危害に遭われるようなことがあれば、私は必ず身を捨ててこれを防ぎ敵中に死ぬ覚悟である」

という意味が含まれている。

あの秀吉を男泣きさせた家康の武士の一言

文禄元年、豊臣秀吉が朝鮮に出兵した。戦線が膠着《こうちゃく》状態なのにいらだち、秀吉は徳川家康・豊臣秀俊（小早川秀秋）・前田利家・織田信雄《のぶかつ》・上杉景勝・蒲生氏郷《がもううじさと》の諸将を集めて会議をした。秀吉は言った。

「朝鮮のこと、現在のありさまではどうにもならぬ。私が自ら出馬しよう。家康に国を守らせ

れば安心だ。留守を頼むぞ。今国内の兵を集めれば、少なくとも三十万はいるだろう。そして利家、お前は五万を指揮せよ。氏郷、お前もまた五万の指揮を執れ。私が自ら十五万を率いて中央軍となり、お前たち二人を左右にして朝鮮を攻め滅ぼし、直ちに明《みん》に攻め入ろう。早く兵艦を準備せよ。わが意は決した」

家康はこれに反対してこう言った。

「殿下自ら出兵して、どうして私が留まれましょう。どうぞ、私を行かせてください」

家康のこの一語こそ、顔淵の言った「子《し》在《いま》す。回《かい》何ぞあえて死せん」の語と通じている。すなわち顔回が師に仕えるのと家康が主に仕える姿勢は、みなその道にかなっているといえるのである。

10

【顔淵《がんえん》・子路《しろ》篇】

ともに生きるに足る友、切り捨てる友

1　孔子の最高弟・顔淵にしてこの〝日頃の戒め〟あり

顔淵仁《がんえんじん》を問う。子曰《しいわ》く、己《おのれ》に克《か》って礼を復《ふ》むを仁となす。一日己《じつおのれ》に克《か》って礼を復《ふ》めば、天下仁に帰《き》す。仁をなすは己《おのれ》に由《よ》る。而《しか》して人に由らんやと。顔淵《がんえん》曰く、その目《もく》を請い問う。子曰く、非礼視《ひれいみ》ること勿《なか》れ。非礼聴くこと勿《なか》れ。非礼言うこと勿れ。非礼動くこと勿れと。顔淵曰く、回不敏《かいふびん》と雖《いえど》も、請うこの語を事《こと》とせんと。［顔淵］

顔淵は孔子の門弟三千人中の高弟七十二人の中で最高の人である。年は孔子より三十七歳若かったが、徳行家で孔子に次ぐ人と称せられ、「亜聖《あせい》」の名があったほどの人物である。

顔淵は『論語』におよそ二十一回登場する。その賢明さをたたえたものが四、子貢・子路と並び称したものがそれぞれ二、学問好きをたたえたものが二、仁を語るものが二、その死を悼むものが五、顔淵が孔子をたたえたもの、門人がその徳行を記したものがおのおの一回ある。

そのほか、顔淵が問いを発して孔子がこれに答えたものがこの項と［衛霊公篇］にある。なかでもこの項の問答は「克己復礼《こっきふくれい》」の重要な教訓である。

顔淵が孔子に対して、

「仁とはいかなるものですか」

と質問した。すると孔子は仁の実体とその応用をあげて説明した。

「自分の欲望に打ち勝ち何事にも礼を踏まえて行なう。これを仁という（仁の体）。

一日でも自分の欲望に打ち勝ち、礼を踏まえて行なえば、人々はすべてその仁にすがる。その影響の迅速なことは、早飛脚《はやびきゃく》で命令を伝えるようなものである（仁の効）。

そして仁はもともと自分の心の中にあって、よそから借りてくるものではない。だからお前が仁を実践しようと欲すれば、仁は直ちに成立する。いつでもどこでもこれを成し得る（仁の用）」

仁はこのように、きわめて広大なものである。これを大にすると天下国家を治める道となり、これを小にすると一家を斉《ととの》え一身を処する道となる。その徳は天地に充満して草木禽獣《きんじゅう》すべて、仁のもとに息づくのである。

人に対してやさしい指示をするのも仁の一つである。不幸な人に同情するのもそうである。上を敬い下をいつくしむのも仁だ。広く施して大衆を救うのは仁の大きなものだ。すべて人間が私心私欲に打ち勝って、その言動が礼にかなっていきすぎがなければ、それがすなわち仁であるが、とかくわれわれは、ことを行なうに当たっては、理知と感情の発動が必ず伴うものである。だからつねに節度よろしく、自分の従うべき標準を定めておかなければならないのであるが、実際にその理知と感情との均衡がよくとれて、万事に節度ある人は、きわめてまれである。どうしても喜・怒・哀・楽・愛・悪（憎）・欲の七情の発動によって、理知がくらまされてしまうのである。

心の中が〝盲馬〟に踏み荒らされていないか

たとえば、誰かが自分を中傷した。けしからぬ奴と思うのは「怒り」である。かわいいと思うのは「愛」の発動である。平和な心で人に接するのは「楽」である。いやな奴だと思うのは「悪（憎）」に属し、不幸な目に遭って「哀」しみ、物事が順調にいって「喜」び、金をたくさん持ちたいというのは「欲」である。

あらゆる機会に七情は頭をもたげてくる。そうしてその人は盲馬となり、仁はここに滅却する。われわれ凡人に免れがたい欠陥である。平和な心をもって道理にかなった発動をするように平生心がけねばならない。七情の発動がよく理知でコントロールされるのが「仁」である。

顔淵がさらに、

「礼を踏み行なう手段、条件はどうですか」

と問うた。すると孔子はこう答えた。

「視・聴・言・動に必ず礼を踏まえ、礼に合わなければ視たり聴いたり言ったり動いたりしてはならぬ」

顔淵は喜んで言った。

「私は愚鈍で先生の教訓を実行できるかどうか難しいが、この四点を実行することを一生の仕事にしたい」

これがすなわち礼を踏まえる工夫である。身がよく礼を踏まえれば、心もよくおのれに克つこともできる。心は無形で内にあり、身は有形で外にある。礼は法であり規律であり、坐起進止《ざきしんし》の儀式作法にとどまらない。礼の工夫はただ身をもって言い、心をもって言わない、つまり有形の外身について言い、無形の内心について言わない。

これは釈迦が心外無別法《しんがいむべっぽう》（心を説いて身を説かない）と説くのと正反対で、身外無別事《しんがいむべつじ》と説いたものだ。孔子の道はもっぱら実用実学にあり、空理空論ではない。浮世から離れずに、人の人たる道を踏んでゆこうとするものだ。

2　孔子流の「人を見て法を説く」法

仲弓《ちゅうきゅう》、仁《じん》を問う。子曰《しいわ》く、門を出《い》でては大賓《たいひん》を見るがごとくし、民《たみ》を使うには大祭《たいさい》を承《う》るがごとくす。己《おのれ》の欲《ほっ》せざる所は、人に施《ほどこ》すこと勿《なか》れ。邦《くに》にあっても怨《うら》みなく、家に在《あ》っても怨みなし。仲弓《ちゅうきゅう》曰く、雍《よう》、不敏《ふびん》と雖《いえど》も、請《こ》うこの語を事《こと》とせん。［顔淵］

仲弓は孔子より二十九歳年下である。この項の問答は、少なくとも仲弓が二十歳、孔子が四十九歳のときである。仲弓は徳行家で学問もよくできたので、孔子は「雍也《ようや》（仲弓の名）南面せしむべし」［雍也篇］と仲弓の人となりを人民の上に立って国政のできる人物と認めている。

その仲弓が仁について質問したので、孔子は答えた。

「家門を出て人と交際するには、相手を身分の高い客のように敬意を払い、人民を使役するには、大切な祭典を行なうような気持ちで臨み、すべて敬をもって事に従い、礼を踏まえ、また自分の好まないことは、これを他人にさせないようにする。これが仁である。

このようにすれば、人に信頼されて、国に仕えていても、家にいても、人からうらまれることはない」

と仲弓が立派な政治家になることを希望したのである。

これに対して、仲弓はこう答えた。

「私（雍）は賢くはないが、先生のお言葉を実行させていただきます」

これは人を見て法を説き、病いに応じて薬を与えるような教訓であって、前項と同じように大仁を説いている。前項も本項も同じ仁の問答で、孔子の答えも同じように古来の成語を引用しているけれども、その成語は同じではない。つまり、ケース・バイ・ケースで実際面に応じた活きた教訓であることがわかる。

仁は『論語』の最大主眼であるから、孔子はあらゆる角度からこれを丁寧に詳しく説明している。そのため、中国・日本の古今の学者がさまざまな解釈を下して一定しない。そして、たいていい文字上の言句にとらわれて空理空論の悪弊を生み、わが国の学問もこれを受け継いで、学問と実生活が別物となり、学問は学問、実生活は実生活と分離してしまった。

孔子の「実のある花」栽培法

学問と実際とが分離両立の徳川時代には、山鹿素行《やまがそこう》や太田南畝《なんぽ》（蜀山人《しよくさんじん》）のような実学者が出れば、当局はこれを異端と名づけ、功利の学問といって排除した。

現代は諸種の学校ができて、もっぱら実用の学問を授けている『論語』のような役立つ学問は、青年諸君が座右の銘として学んでよい実学である。三千年前の古い学問だといってはいけない。諸君の足もとに起こる問題解決の鍵を『論語』は握っている。

伊藤仁斎《じんさい》は言う。

「孔子の門人たちは、仁の根本義については、これをよく知っている。しかし、仁を行なう方法については、あとひと息というところだ。だから弟子が問う点、孔子が答える点はすべて仁を行なう方法についてであって、一つも仁の根本義を論ずる者はいない。

これを花を植えるのにたとえると、仁はすなわち花であり、仁を行なう方法はすなわちその灌漑培植《かんがいばいしょく》である。弟子が問い、先生が答えるのは、みなその灌漑培植の法である。そうしていまだかつて形や色や香りを論じる者はいない。

孟子の時代になって（孔子よりおよそ百四十年後）道が衰え学問がすたれて、天下の人はなすところを知らなかった。孟子は〝惻隠《そくいん》（同情）の心は、仁のはじめなり。羞悪《しゅうお》（悪を恥じる）の心は義のはじめなり』と説いた。そしてまた『仁を行なう道を求めるならば、『論語』に立ち戻ることだ〟と言っている」

まさに至言である。

3　不肖の弟子・司馬牛《しばぎゅう》に孔子がきつくお灸《きゅう》をすえた話

司馬牛《しばぎゅう》、仁《じん》を問う。子曰《しいわ》く、仁者はその言《こと》や訒《じん》すと。曰く、その言や訒《じん》すれば、ここにこれを仁と謂《い》うのみかと。子曰く、これをなす

＝こと難《かた》し。これを言うこと訒《じん》するなきを得んやと。〔顔淵〕＝

司馬牛は軽卒で、言葉を慎しまない癖がある。こういう人は前後を考えずに軽々しくおしゃべりをする。そこで孔子は仁について質問する司馬牛に、

「仁者はその言を慎しみ、容易にしゃべらないものだ」

と釘をさした。

人間は言葉を慎しみ、行ないを先にして事々に礼を踏まえれば、仁に到達するものである。ところが司馬牛はなお悟らず、軽々しくまた質問する。

「言葉が控え目になれば、それで仁といえるでしょうか」

孔子はさらに教える。

「言うことは簡単だが、それを実行することはとても難しい。言うだけなら、三歳の子でもできる。だが実行となると経験豊かな老人でも困難なのだ。だから、言うことも控え目にならざるを得ないのだ」

言葉が多ければ下品になり、饒舌家は仁に乏しい。すべて言うはやすく行なうは難しだ。

ない袖をあえて振ろうとした西郷の致命的弱点

明治六年十月征韓論が起こったとき、主戦論の西郷隆盛は断固として征韓を主張した。大久保参議たちは非戦論者で、論戦たけなわとなったとき、大隈大蔵卿は西郷に、

「君の開戦論は正しいと思う。だが戦争をするには金がいる。その金はどうなさるつもりか」

と尋ねた。西郷は少しためらった。大隈は、

「金の用意がなくて戦おうとするのは無謀であろう」

と突っ込む。西郷は、

「金はおはんが用意せよ。おいどんは軍人だから戦さをするまでじゃ。国が侮辱せられて、その恥辱をすすぐために戦わねばならぬから戦うのじゃ。金の有無にはよらぬ」

と反論した。大隈は、

「それだからだめじゃ。ない袖は振れぬ。いま廃藩置県をようやく行なったばかりで、国の基礎は堅くない。金策のしようがない」

と主張し、朝議は二分した。

これを裁量すべき三条太政大臣は病気となり、岩倉右大臣が代わって天皇の裁断を仰ぎ、征韓せず、と決定した。ここにおいて開戦論を主張した西郷隆盛・副島種臣《たねおみ》・江藤新平・板垣退助・後藤象二郎・前原一誠らはたもとを連ねて退官し、木戸孝允・大久保利通・大隈重信・黒田清隆・大木喬任《たかとう》・佐々木高行《たかゆき》・寺島宗則《むねのり》・伊藤博文の各参議が留まって、三条・岩倉のもとで内閣を維持した。

公共事業を興すにしても、八千万の国民が一人一円ずつ出せば、たちまち八千万円の金ができるわけであるが、いざこれを実行しようとしても種々の支障が起こり、なかなか八千万円の金が集まるものでない。

いまの世には司馬牛が多い。口舌にたけた人が少なくない。自分の都合のよいように口から出任せに並べ立て、見えすいた嘘を平気でいう人もたくさんいる。その言葉の責任に対する観念などは毛頭ないといってよい。いかなる名論卓説も実行が伴ってはじめて価値を生ずるのである。実行が伴わなければ、それは空説空論にすぎない。あるいは戯論偽説となろう。仁にいたらないどころではない。これは罪悪そのものである。

4 人間を一段と鍛え上げる〝内面の工夫〟

子《し》張《ちょう》、徳を崇《たこ》うし惑《まど》いを弁《わきま》えんことを問う。子《し》曰《いわ》く、忠信《ちゅうしん》を主とし、義《ぎ》に徒《うつ》るは、徳を崇《たこ》うするなり。これを愛してはその生きんことを欲《ほっ》し、これを悪《にく》んではその死せんことを欲す。既《すで》にその生きんことを欲し、またその死せんことを欲す。これ惑《まど》いなり。（誠に富を以《もっ》

てせず。また祇《まさ》に以て異《こと》なり。）［顔淵］

子張は陳《ちん》出身の人で孔子より四十八歳も歳下であるから、孔子の晩年の弟子である。おそらく孔子が陳国に留まっていた頃、十三、四歳の若さで入門したのであろう。ただ、この項にある問答は、子張が二十歳以後のことと思われるので、孔子が魯国に帰ってからの問答であろう。

子張が孔子に質問する。

「徳を積んで高くし、迷いをはっきり明らかにするにはどうしたらよいでしょうか」

孔子は答える。

「心に忠実信実を主として、自らを欺かず、不義を避けて正義に徙《うつ》り、行なうことがみな正義にかなって過失がなければ、徳はおのずから高くなっていく。愛憎は人の常だが、愛するときはその人が長く生きてほしいと思い、憎むときはその人がはやく死んだらよいと思うのは人情だ。いわゆる可愛いさあまって憎さが百倍というもので、これはその人の善不善で愛憎するのではなく、おのれの私情をもって愛憎しているだけだ。これこそ迷いである」

孔子が子張を評した言葉に「師（子張）や辟《へき》」［先進篇］がある。子張がいたずらに外面の威儀修飾に努め、内面の工夫を欠いて誠実さが足りないことを指摘している。だから「忠信を主として、不義を避け、義に徙《うつ》れ。これ徳を崇高にする所以《ゆえん》なり」と説いているのだ。

また、人の上に立つ者で喜怒の情が変わりやすい者ほど始末に悪いものはない。晩年の豊臣秀吉がまさにその典型であった。寒山詩《かんざんし》に次のような詩がある。
「朝朝花遷落　歳歳人移改　今日揚塵処　昔時為大海」（毎朝毎朝、花は遷《うつ》り変わって咲いては落ち、人も年々移り変わっていく。今日塵を巻き上げている所も昔は大海だったのである）
まことに真実をよくとらえた詩である。

5　つねに「らしく」考え、「らしく」行動しているか

斉《せい》の景公《けいこう》、政《まつりごと》を孔子に問う。孔子対《こた》えて曰《いわ》く、君君《きみきみ》たり、臣臣《しんしん》たり、父父《ちちちち》たり、子子《ここ》たりと。公《こう》曰く、善《よ》いかな、信なり。もし君君たらず、臣臣たらず、父父たらず、子子たらざれば、粟《ぞく》ありと雖《いえど》も、吾、得てこれを食《く》らわんや。〔顔淵〕

魯の戦乱で孔子は斉に行った。斉の景公は孔子に政治について質問した。孔子はこのとき三十五歳だった。

当時家老の陳桓子《ちんかんし》無宇《むう》が斉を制していて君主が君主でなく、家臣が家臣でなく、また景公に

女性が多くいて皇太子も立てなかった。父が父たらず、子が子たらざる事実もあった。だから、孔子が昔の教訓を示して、これに答えたのである。

景公はこれを聞いて、すべて身に覚えのあることだから、素直に答えた。

「よいお言葉です。まことにそのとおりです。もし君主が君主らしくなく、家臣が家臣らしくなく、父が父らしくなく、子が子らしくなければ、これはまったく人の道に外れ上下骨肉争って、身は死んで国は亡ぶ。米があっても、私はどうしてこれを食べられようか」

景公は孔子のこの言葉をよしとして受け入れたにもかかわらず、これを実行しなかった。そのために、のちに陳恒《ちんかん》、その子陳乞《ちんこつ》を経て陳恒《ちんこう》（乞の子）のときに、ついにその世継の簡公《かんこう》が殺されて国を奪われてしまった。

驚くべきことに孔子は、而立《じりつ》の年（三十歳）をわずか五歳超えただけの年齢で、この卓見を抱くにいたり、しかもそれを一国の帝に説きかつ納得させるまでの才能と技量をもっていた。これほどの大政治家の資質を備えていながら時代が悪くて受け入れられなかったのは、まことに残念である。

6 人生、ここが〝辛抱のしどころ〟だ

樊遅《はんち》従《したご》うて舞雩《ぶう》の下《もと》に遊《あそ》ぶ。曰《いわ》く、敢《あえ》て徳《とく》を崇《たこ》うし慝《とく》を脩《おさ》め惑《まど》いを弁《わきま》えんことを問《と》うと。子曰《しいわ》く、善《よい》かな問《と》うこと。事《こと》を先《さき》にして得《う》ることを後《のち》にす、徳を崇《たこ》うするにあらずや。その悪《あく》を攻《せ》めて、人の悪を攻むることなき、慝《とく》を脩《おさ》むるにあらずや。一朝《ちょう》の忿《いか》りに、その身を忘れ、以《もっ》てその親《しん》に及ぼす。惑《まど》えるにあらずや。［顔淵］

樊遅《はんち》は魯《ろ》の人で、姓は樊で名は須《しゅ》。字《あざな》を子遅《しち》といった。孔子の弟子で、孔子より三十六歳若かった。

樊遅が孔子の供をして舞雩《ぶう》の地へ行ったときに、次の質問をした。

「徳を高くし、慝《とく》（心中の悪念）を治め、そして迷いをはっきりさせるには、どうしたらよいでしょうか」

孔子は、

「よい質問である。みな学問を成し遂げるのに必要な問いだ。よく聞いた」

とほめて次のように答えた。

「今日の人は仕事よりも報いを求める心が先に立っているから、欲望が増長する。反対に自分がなすべきことをまず十分にやって、その報いを考えなければ、徳はおのずから積まれてくるものだ。これこそ徳を高くする方法だ。

つねに自ら省みて自分の悪を攻めて取り除き、他人の悪を攻撃することがなければ、心の中のやましいところはなくなる。これこそ悪を治める工夫である。

一時の小さな怒りを我慢できずに人と争うと、その禍いは近親者まで巻き添えにする。これは大小をわきまえない惑《まど》いである。その惑いがわかれば、これをはっきりさせて取り除くこともできる。この大小軽重をわきまえることが惑いを識別することである」

と、細かに説明して示した。

この教えは現代の人にも当てはまる。無心にこれを熟読してみれば、必ず従うべきところがあろう。

小さな怒りを我慢できず、身を滅ぼし家を滅ぼした例は、元禄十四年の播州赤穂城主浅野内《たく》匠頭長矩《みのかみながのり》である。高家《こうけ》の筆頭、吉良上野介義央《きらこうずけのすけよしなか》の無理難題に我慢できず、五万三千石の領地を失い、多くの家臣を路頭に迷わしてしまった。吉良の無理難題は静かにこれを打開する道もあったのに、武士の意地で刃傷《にんじょう》におよんだのは、まさに一時の怒りにその身を忘れたものといわなければならない。

7　忠告は打ち止めのタイミングを測りつつやれ

子貢《しこう》友《とも》を問《と》う。子《し》曰《いわ》く、忠告《ちゅうこく》して善《よ》くこれを道《みち》びく。不可《ふか》なるときは則《すなわ》ち止《や》む。自《みずか》ら辱《はずか》しめらるることなし。〔顔淵〕

子貢の家は金持ちで、そのうえ言語明快だったので交友が多かった。そこで友と交わる道を孔子に尋ねたのであろう。

孔子は答えた。

「朋友は相互いに仁を助けるものだから、誠意をもって善を勧め過ちをただすべきである。じっくりとよく説き聞かせ、これを善導することだ。これこそ友人相互の義務である。しかし、その友人が自分の助言を聞いてくれなければ、無理じいしてはいけない。聞いてくれないのになお忠告すれば、かえって嫌われてしまう」

これは〔里仁篇〕にもあり、朋友の交わりは、淡きこと水のごとくなるべしと、説いている。相手にうらまれ、恥ずかしめられない程度で忠告を打ち切ることだ。

忠告と攻撃とはもとより別物である。忠告は、忠実誠実の心をもって親切に是非曲直を述べて、その人の反省を求めるものである。だから人の知らないように行なう場合が多いのである。これに反して攻撃は、その人の反省を求める親切心はなく、その人の非行を世間に知らせようとするものである。

聞く耳をもたない友にする忠告がある一方、忠告の名を借りて攻撃することもあるので、忠告というものはなかなか難しいものである。

8 六尺のふんどしを三尺に縮めた〃率先垂範〃力

子路《しろ》政《まつりごと》を問《と》う。子曰《しいわ》く、これに先《さき》んじこれに労《ろう》すと。益《えき》を請《こ》う。曰《いわ》く、倦《う》むことなかれと。［子路］

子路の姓は仲《ちゅう》、名は由《ゆう》。卞《べん》の人である。孔子より九歳下で、剛直な人で、政治で名をあげた。

子路が、政治はどうあるべきかを孔子に尋ねると、孔子は答えた。

「為政者は身をもって民に先立ち、自らを正しくして人民を率いれば、命令しなくても、間違いを犯さない。率先して人民のために勤労すれば、人民も自分から勤労して仕事に励み、君主のために力を貸すことを惜しまない」

これは明快に言い尽くしている。つまり天下の憂いに先立って憂い、天下の楽しみに遅れて楽しむということこそ、政治の正しいあり方である。

板倉重宗が江戸の老中役宅の築山と泉水を取りこわし、地ならしをして菜種をまいたのは率先して農業の手本を示したのである。白河楽翁《しらかわらくおう》（松平定信の隠居後の称）が幕府の老中として、多くの節倹令を発し、自ら率先してふんどしの長さ六尺を三尺に減らしたのは、身をもって模範を示したのだ。越中《えっちゅう》ふんどしの名が今日にあるのは、楽翁の官名の越中守からきているという。政治をする人の一挙一動は、天下万民が等しく注目しているのだ。よいお手本を見せなければならない。

これは政治家だけでなく、会社の重役、学校の校長、団体の幹部、一家の長たる者はみな同じだ。これらの人々が真心から正しい行動をすれば、その下にいる者は必ずそれに従う。

万事は一理、一誠で処理できる

孔子の答えがあまりに簡単だったので、気の早い子路はその深い意味合いを考えるいともなく、「先」と「労」とのほかに、さらにやるべきことは、と尋ねる。

「前のお答えにつけくわえて詳しく教えてください」

孔子は、

「先と労とのほかにつけ加えるべきものはない。ただ一心不乱にこれを実行し続ければよい」

と答えた。まさに孔子の言うとおりで、実際家は知ることが多くなるよりも、行なうことを変えずに一貫することが必要だ。万事は一理である。目前に次々と湧き出ることは千差万別でも、「先」と「労」とのただ一つの誠をもってこれを処理していけば人々は心服して国は治まる。これこそ政治である。これに何をつけ加える必要があろう。

子路は義に勇む人である。進むことが早く、退くこともまた早い。熱しやすいのは冷めやすいのが常である。そこでこの教訓となったのだと思う。

9 上に立つ者の行動は予想以上に下から観察されている

子曰《しいわ》く、その身《み》正《ただ》しければ、令《れい》せずして行なわれ、その身正しからざれば、令すと雖《いえど》も従《したが》わず。[子路]

自分の言動が正しければ、命令しなくても行なわれ、自分が正しくなければ命令しても従う者はいない。正とは中正公平で、かたよりのないことである。

つまり君主が倫理を尽くし、言動を慎しんで、その身が正しければ、命令して民を動かそうとしなくても民自ら感化して善におもむく。これと逆に、君主が自分の行ないを正しくしないで、いたずらに言葉だけでは、どんな命令を出しても政令は行なわれるものではない。これが孔子の政治哲学である。政治に関する教えはすべてこの根本義から出ている。

10 「和する」と「同する」では結束力にこれほどの大差が出る

子曰《しいわ》く、君子《くんし》は和《わ》して同《どう》せず。小人《しょうじん》は同《どう》して和《わ》せず。〔子路〕

人と交際するのに、君子は相親しみ相和らいで、気持ちの食い違いがない。その親和の心は義から出発していて、不義で結ばれているのではない。

小人の場合はこれに反し、利益を得るために同類が助け合い、付和雷同《ふわらいどう》して手を組むが、義のために協力することはない。

和と同とは似ているが、実は大違いである。この区別を知らなければ、知らず知らずに小人に引き込まれて、自分を守ることができない。

明治維新の大業は、明治天皇の力によるところも大きいが、天皇を輔弼《ほひつ》した重臣たちが互いに協力し、意見を述べ合った中から最良の選択をし、これによって天皇を翼賛《よくさん》した功績も大きいと言わざるを得ない。つまりは、三条・岩倉らが中央に立ち、木戸・大久保・西郷ら薩長を中心に、その他の志士が野にあって一体となり、頼朝以来七百年続いた武断政治を倒したのである。これらはみな君子が相和した成果で、少しの私利私欲もなかったからできた大業であると言えるだろう。

明治六年、征韓論で朝議が二つに分かれたが、これまた甲乙その意見を異にして、おのおのその義を主張して妥協しなかっただけで、徒党を組んで自分たちの利益をはかったものではなかった。だからその意見を異にして一方は野に退き、一方は中央に留まり、江藤新平・前原一誠・西郷隆盛が反旗をひるがえしたほかは、両者の意見が一致しないにもかかわらず、協力し合った。

反対派の板垣退助・後藤象二郎・副島種臣《そえじまたねおみ》らは前後して中央に入って立憲政治の成立を助けた。これこそ君子が和して同しない好例である。

11　その人の「喜ぶもの」を見れば器量がわかる

子曰《しいわ》く、君子《くんし》は事《つか》え易《やす》くしかも説《よろこ》ばしめ難《がた》し。これを説《よろこ》ばしむるに道を以《もっ》てせざれば、説《よろこ》ばざるなり。その人を使うに及んでや、これを器《き》にす。小人は事《つか》え難くしかも説《よろこ》ばしめ易し。これを説《よろこ》ばしむるに道を以てせずと雖《いえど》も、説《よろこ》ぶなり。その人を使うに及んでや、備《そな》わらんことを求む。［子路］

その人が君子であれば、事《つか》（＝仕）えやすいかわりに喜ばせることが難しい。君子はその人の才能をはかり、その長所を使用してくれるから、たいへん事えやすい。無理な仕事をさせないから、たやすく能率を上げることができる。

ところが君子を喜ばせることはとても難しい。君子は信念をもっていて、不正やごますりを退け賄賂《わいろ》も喜ばない。すべてについて道に合っていないと満足しないので、喜ばせることが難しいのだ。

これに反して、その人が小人であれば、事《つか》えにくいかわりに喜ばせることはたやすい。小人は私心が多くて道を好まず、やることが道理に合っていなくても、ごますりや贈り物をすれば、たやすく喜ぶ。ところが、人を愛する心がなく私利私欲しかないから、事えることが難しいのである。

徳川五代将軍綱吉は凡庸の小人だった。だから柳沢吉保《よしやす》が深くとり入り、その心を意のままに動かした。綱吉は年に十五、六回も柳沢の邸に遊びに行き、帰るのを忘れるほどだったという。人が自分の思うままにならないのを憎み、また迷信深くて、事えにくい将軍だった。

浅野内匠頭長矩《たくみのかみながのり》が、殿中で吉良上野介義央《きらこうずけのすけよしなか》を刃傷《にんじよう》したことを湯殿で柳沢吉保から聞き、即座に吉保の意見に従って五万三千石没収の上、長矩に切腹を申しつけた。

いやしくも一城の主を処分するのに、閣議もせず入浴中に悪臣の私言をとりあげるなど、きわめて軽率だ。

また悪僧亮賢《りようけん》の言を信じ、自分が戌《いぬ》年の生まれなので犬を愛すべしと命令を下して（これが有名な生類憐《しようるいあわれ》みの令である）、このために諸役人や人民が大勢処罰された。情緒不安定で愚君の見本であった。これが後年「犬公方《いぬくぼう》」と揶揄《やゆ》されたゆえんである。

私が仕えた将軍慶喜の〝大君子人〟ぶり

これに反して、私が事《つか》えた徳川十五代将軍慶喜は君子人であった。臣下への思いやりが深くて、不肖の私でさえずいぶん気をつかってもらった。事えて気持ちのよい人であったが、そのかわりに喜ばせることはなかなか難しかった。

山内容堂《ようどう》の家臣後藤象二郎・福岡孝悌《たかちか》が、慶喜に対して大政奉還を説いたとき、公はこれを天下の大諸侯に問いはかった。時の政治総裁だった越前の松平春嶽《しゅんがく》をはじめ各藩すべて、朝廷に政治力がないという理由で奉還反対の意見であったが、公は断然決意して慶応三年十月十四日、大政を奉還した。

光圀《みつくに》公の血を受けて、早くから大義名分を明らかにし、将軍職に就いたときから奉還の気持ちがあったとはいえ、天下大諸侯の衆議を喜ばず、ただひたすらに臣道にかなうべくこの挙に出たのである。真正の君子人でなければできないことだ。

12　世渡りで絶対〝沈没〟しない確実な法

子《し》曰《いわ》く、君子《くんし》は泰《たい》にして驕《きょう》ならず。小人《しょうじん》は驕《きょう》にして泰ならず。〔子路〕

本項も君子と小人の違いを説いている。

君子は、言動がすべて礼を踏まえているので、泰然として驕《おご》りたかぶらない。

小人は誇張が多く、人を侮り驕りたかぶる傾向がある。ところが内心は不安を抱いているものだ。驕と泰、和と同は似ていても別物である。

男でも女でも、社会に立って人と交わる以上は、相手の人物が君子であるか、小人であるかを見分けることは非常に重要である。この見分けができずに漫然とつき合えば、君子には嫌われ、小人にはたぶらかされ、有形無形の損害をこうむり、自分を傷つけ他人をも傷つける。これを見当なしの処世という。ちょうど天候も見定めず、行き先も確かめず、漫然と出港するようなものだ。これでは沈没しないほうがおかしい。

13 温室の中では〝心のある花〟は育たない

子《し》曰《いわ》く、剛毅《ごうき》木訥《ぼくとつ》は仁《じん》に近し。［子路］

「剛毅《ごうき》木訥《ぼくとつ》」は「巧言令色《こうげんれいしょく》」と対になった言葉である。

「人の資質が堅強で屈せず（剛《ごう》）、またよく自ら忍ぶ者（毅《き》）、容貌質朴で飾りけなく（木《ぼく》）、言語がつたなくて口がうまくない者（訥《とつ》）は、みな内に守るところがある。内に守るところがある人は、学んで仁徳を成就しやすい」

というのが本項の考え方である。

剛毅木訥がそのまま仁であるとはいえないが、このような人は仁を成しやすいので、仁に近しというのである。

維新の頃の人には、このような精神家が多く、弁は立たないけれども実践実行を重んじ、生命を投げ出して国事に尽くした。これによって鎌倉以来七百年続いた幕府を倒すことができたのである。

日清・日露の両大戦に勝って以来戦勝気分に溺れ、人心は急変し、青年男女ともに新奇を喜ぶ気風が生まれた。一国には一国の本来の精神があって、それによってはじめて進歩発達していくものだ。もしこの精神をなくすと、外からの一撃にあえばたちまち崩壊してしまう。

荘周《そうしゅう》はこう言っている。

「それ哀しきは心の死するより大なるはなし」

まことに重みのある言葉である。

では、どうすればよろしいか。教育を根源から立て直し、国民精神を鍛え上げることだ。国家の個性を忘れないことだ。この「剛毅木訥は仁に近し」の教えをよく噛みしめよう。

11

【憲問篇《けんもん》】

自分への〝厳しさ〟に自信がもてるか

1 人の"言葉と徳"だけは「逆も真なり」は通用しない

子曰《しいわ》く、徳ある者は必ず言《こと》あり、言ある者は必ずしも徳あらず。仁者は必ず勇あり、勇者は必ずしも仁あらず。〔憲問〕

徳のある人は美しいものが自然と外に現われる。だから徳のある人は必ずよい言葉をもっている。しかし、言葉は修飾して美しくすることができるものだから、さしたる徳がなくても、よい言葉を発することはできる。つまりよい言葉をいう人がすべて徳のある人とは限らない。仁者は人の危難を見過ごせず、義を見れば必ず身を殺してもこれを救う。だから仁者は必ず勇気をもっている。しかし、勇気は血気に乗じて発揮することもあり、勇者が必ずしも仁者であるとは限らない。

わが国の実例をあげれば、菅原道真《すがわらみちざね》や近江聖人、中江藤樹《とうじゅ》のような徳のある人の説く言葉は、みなよい言葉である。世の模範となすべき言葉ばかりである。

これに反して、さしたる徳を備えていなくても、たまたま善言を発する人もいる。たとえば、上杉謙信が武田信玄に対して、

「あなたと私が争うのは弓矢であって、米塩ではない。米塩は私の領国越後が供給しよう。その数量はあなたのほしいだけ差し上げよう」

といい、また明智光秀がその主君織田信長に対して神仏破却を中止するよう強く諫めたのがこれである。

この言葉はよかったのだが、謙信は兄の晴景を殺し、光秀は信長を倒した。ともに有徳の人ではなかった。頼朝が弟の範頼《のりより》・義経を殺し、尊氏《たかうじ》が師直《もろなお》兄弟を殺したのを、仁者の勇というわけにはいかない。

2　深い愛情があればこそ〝厳しさ〟にも自信がもてる

子《し》曰《いわ》く、これを愛する能《よ》く労《ろう》する勿《なか》らんや。これに忠《ちゅう》する能《よ》く誨《おし》うること勿《なか》らんや。〔憲問〕

間違った愛と間違った忠（誠実さ）は、その人のためにならない。人を愛して、いたずらに物を与えていたわるだけでは、その場限りの愛であって真の愛とはいえない。真の愛は苦労させることだ。苦労すれば心身ともに堅固となり、苦難に耐え得るようになる。「かわいい子には旅をさせよ」という諺のとおりだ。

人に誠実に尽くすには、いたずらにその言うままになり、勝手放題にさせるのは真の誠実ではない。真の誠実とは教え諭《さと》すことだ。正しく教え諭せば道を知り善に志すようになる。このように苦労させ、そして教え諭してはじめて愛と誠実をなしたといえる。

3　〝人間の品性・礼節〟の真価がいちばん発揮されるとき

子《し》曰《いわ》く、貧《ひん》にして怨《うら》みなきは難《かた》く、富《と》んで驕《おご》ることなきは易《やす》し。

〔憲問〕

貧乏は人の逆境である。衣食住に困窮することは誰しも嫌いである。貧にまさる苦しみはなしという諺もある。資本家と労働者、地主と小作人の争いもこれから生じ、富の分配論も社会学説もこれから起こり、共産主義も無政府主義も、またみなこれから生じる。

貧乏して怨み心がないのは、天命を楽しむ顔淵《がんえん》のような人だけである。ふつうの人はたいてい自分の怠け心や非運を考えず、人をうらみ、世をうらみ、社会の秩序を乱すようになる。

明治天皇があるときお詠《よ》みになった歌に、

天をうらみ　人をうらむる　事もあらじ　わがあやまちを　おもひかへさば

というものがあるが、まことにそのとおりである。

富は人の順境である。衣食住に満足できればみな落ち着くことができる。司馬遷《しばせん》が「利は人の性情なり」と言ったのは卓見である。

学問と仕事に励み、立身出世するのは、みな富を得るためである。学者が学問に励み、宗教家が布教に尽くし、医者が病気を治し、教師が学生に教え、役人が公務に就き、軍人が危険を冒して戦うのも、みな富を得て衣食住の安定をはかろうとするからである。

富を積むことは大事なことであるが、ややもすると富に溺れて驕《おご》りたかぶる傾向がある。有名な紀伊国屋《きのくにや》文左衛門などがこれである。しかし、富を積んでも驕ることなく、自らを正しく保持することは難しいことではなく、ふつうの人でも子貢や家康をまねることもできる。

現代は富を得て、贅沢《ぜいたく》しようとする人が多くなってきたが、こうすると人の嫉視するところとなるだけでなく、贅沢は自分の心身をも滅ぼす害がある。慎しまなければならない。

4 大事な"勝負どころ"は必ず正攻法でいけ

子路《しろ》君《きみ》に事《つか》えんことを問う。子《し》曰《いわ》く、欺《あざむ》くこと勿《なか》れ。而《しか》してこれを犯《おか》せ。［憲問］

君主に事（＝仕）えるにはまず忠義を尽くして、だましてはいけない。君主にもし過ちがあれば、必ず逆らってもこれを諫《いさ》めなければならない。そして諫めるにも、正直な言葉を使わなければならない。

子路は勇気を好む人だから、君主に逆らって諫言することはたやすいが、勇気は往々偽りに陥ることがあるので、まず偽りはいけない、それから逆らって諫言せよ、と孔子は言ったのである。

天文八年、武田晴信（後の信玄）は酒に溺れ政治を怠った。また風流を好んで、いつも僧を集めて詩をつくった。老臣たちはこれを心配したがどうすることもできなかった。板垣信形《のぶかた》は病気と偽って登城しなかった。そしてひそかに詩僧を招いて詩をつくることを学んだ。才能があったのか数か月経たずに会得した。そして、詩の席に出た。晴信は不思議に思い、信形に題を与えて詩作させた。上出来だったので晴信は大いに驚き新題を課した。それまたたちどころにつくった。晴信は大いに喜んだ。

ここで信形は、

「詩はよいものです。しかし政治の邪魔をしています。君主たる者は国を治め家臣を養うものです。先君（晴信の父信虎）は道を間違えてついに退けられました。ところがいまはあなたがそうです。いま改めなければ、必ず同じ過ちを犯します。はっきり申し上げます」

と諫言し、晴信はこれを聞き入れた。

5　同じ〝立身出世〟でも大人物と小人物では雲泥の差

子《し》曰《いわ》く、君子《くんし》は上達し、小人《しょうじん》は下達《かたつ》す。〔憲問〕

皇侃《おうがん》（梁《りょう》の論語学者）の説では、「上達は仁義に達することで、下達は財利に達することをいう」という意味で、君子と小人では学問の内容と方向が違うことを言っている。君子はつねに道に志しているので、その学ぶところは修身治国に必要なものばかりで、ついには仁義道徳に到達する。

これに反して、小人は常に道に志しているわけでなく、その学ぶところは目先の小さな利益と技術にすぎず、したがってその到達するところもまた、仕事と理財が中心である。換言すれば、君子は高尚なことに通じて、小人は下賤なことに通じる、という意味ともなる。

荻生徂徠《おぎうそらい》は、これを「君主に事《つか》えることをいう」と解釈している。この説によれば「達」は人を推挙して出世させることを意味している。他人のご機嫌とりやら賄賂や女性を使ってまで出世しようとするのが下達である。誠の心が備わっていなければ、親孝行などできるはずもなく、親不孝者が友人から信用されるはずもない。

これに対して君子は、踏み行なうべき道を心得ているから、道理をもって推挙されて義にかなうのである。これが上達である。

君主に事えて出世することは君子も小人も同じだが、やり方に雲泥の差が出てくる。

立身出世の望みをもつ青年は、君子上達の道に恥じない心がけで努力・工夫してほしい。

6　知識の消化不良を防ぐただ一つの方法

子曰《しいわ》く、古《いにし》えの学者は己《おのれ》がためにし、今の学者は人のためにす。

［憲問］

荀子《じゅんし》は次のように説いている。

「耳から入って心に届く。自分のための学問である。耳から入って口から出る。人に知られるための学問である」

昔の学問をした者は、道を明らかにして徳に進み、よい言葉を得て自分のものとした。いまの学問をする者は、いたずらに口舌を巧みに使い、よい言葉で人を喜ばせて名声をはせようと考える。昔は内面を貴び、いまは外面を貴んでいる。

昔の学者は自分に益があり、さらに人にも益をもたらす。これに反していまの学者は少しも自分に得るところがない。どうして人に益をもたらすことができよう。

今日の学者はみな学問で職業に就こうとしている。つまりパンのために学ぶ者であって、いわば人のためにやっている。

7 ことはやんわり包んでこそいよいよ珍重される

子曰《しいわ》く、君子《くんし》の道なるもの三。我《われ》、能《よ》くすることなし。仁者は憂《うれ》えず、智者は惑《まど》わず、勇者は懼《おそ》れずと。子貢曰《しこういわ》く、夫子《ふうし》自ら道《い》うなりと。〔憲問〕

これと同じ趣旨のことが「子罕篇《しかん》」にもある。その三つの順序に違いがあるが、特別な意味はない。

荀悦《じゅんえつ》（後漢末の学者）が、「君子は天を楽しみ命《めい》を知る、ゆえに憂えず。物をつまびらかにし弁を明らかにす、ゆえに惑わず。心を定め公をいたす、ゆえに恐れず」と解説している。

「仁者は憂うことなく、知者は惑うことなく、勇者は懼《おそ》れることがない。この三つの徳が望ましいが、私（孔子）は、まだまだである」と孔子は言った。子貢は、

「先生こそ、この三徳を備えた聖人なのに、謙遜しておられる」と述べている。

後世の一知半解の学者が少しばかりの才能をひけらかしているのと大違いだ。いつも言うように謙遜は人の美徳である。能《のう》ある鷹《たか》は爪《つめ》を隠す。人は謙遜すればするほどその人の才徳はますます明らかになるものだ。

これに反して自分の才をひけらかして宣伝する人は、世間から嫌われて結局落伍者となってしまう。その実例はたくさんある。青年諸君、よく気をつけることだ。

8　つまらぬ〝気の回しすぎ〟がかえって墓穴を掘ることもある

子《し》曰《いわ》く、詐《いつわ》りを逆《むか》えず、信ぜられざるを億《おもんぱか》らず。そもそもまた先《せん》覚《かく》するもの、これ賢《けん》か。［憲問］

世間の人は人と交わる場合、往々にして用心深く、その言うことは嘘ではないかと、あらかじめこれを疑い、人を見れば泥棒と思えといい、また相手が自分の言うことを信じていないのではないかと気を回し、人を見れば悪人と思えという。

ところが人にだまされず、また自分の言葉を信用させることを賢いとしているが、私はそうは思わない。これではかえって交わりをこわす恐れもあり、正しい交際の道ではない。

先方がどのようでも、自分はただ誠をもって接するだけで、相手の偽りを疑わず、また自分を信じているだろうかと気を回したりせず、しかも相手の真情を把握できてこそ君子の道であり、賢といえよう。たとえ先回りして推測して失敗しない人でも、まだ賢人とはいえない。

9 名伯楽・孔子は〝千里の馬〟のどこに目をつけたのか

子《し》曰《いわ》く、驥《き》はその力を称《しょう》せず、その徳を称するなり。〔憲問〕

驥《き》とは優秀な馬、いわゆる千里の馬のことである。その力が強いことはもちろんだが、驥として人間に重要視されるのは、その力の強いことではなくて、調教の徳、つまり習熟して御《ぎょ》しやすく、性質のよいことが大切なのである。

孔子の時代は徳を軽んじて力を重んじる傾向があった。そこで孔子はたとえを引用してこれを抑制したのである。人間が事業に成功するのは才能による。しかし、君子が貴ぶのは才能ではなく徳である。徳のない才能は、往々にしてその使い方を誤ることがある。馬はもとより力が強くなくてはいけないが、調教の悪い強い馬は、蹴ったり咬んだりする。馬でさえこうだから、人もまた危いものだ。

『孔子家語《けご》』(孔子と門人の言行に関する説話集。十巻)に、

「哀公《あいこう》が孔子に問うた。『人を採用する法を問う』と。孔子が答える。『捷々《しょうしょう》(貪)、鉗々《かんかん》(乱)、啍々《とんとん》(嘘)をとるなかれ。武器がそろってから強さを求め、馬が調教できてから良馬を求め、兵士は必ずきまじめで、さらに智能ある者を求めること。不まじめで才能ある者は、山犬や狼と同じだ。近づけてはいけない』」

と出ている。この項の趣旨と同じで、徳のない才人ははなはだ危険であると説いている。

足利尊氏・明智光秀・石田三成・柳沢吉保、近くは江藤新平・星亭などは才が余って徳が足らず、やったことは害があって益はなかった。

近頃の政治家たちは、もっぱら力を重んじ徳を軽くみて、政党の総裁でありながら政治は力だと豪語する者さえいる。多数の結合だけに力を注ぎ、国家の利害は棚に上げて、自党の得失に気を使い敵党を圧倒しようとしている。この悪風を正して、天下の政道を徳に戻らせるのは青年諸君の覚悟にかかっている。

10 〃本物の強さ〃はつねに孤独と背中合わせになっている

子《し》曰《いわ》く、我《われ》を知る者なきかなと。子貢《しこう》曰く、何ぞそれ子《し》を知る者なしとなすやと。子曰く、天をも怨《うら》みず、人をも尤《とが》めず、下学《かがく》して上達す。我を知る者はそれ天か。［憲問］

「どうして世の中には私のことを理解してくれる人がいないのだろう」

と孔子が嘆いた。子貢がこれを聞いて尋ねた。

「いま天下の人はすべて先生が大聖人であることを知っています。どうして、そういうことを言われますか」

孔子は答えてこう言った。

「天命で私はしばしば災厄に遭ったが、天をうらまない。王侯が私を知っていても登用しないが、人をとがめない。天命に安んじて、身近なことを学んで高遠な道に達するのだ。ますますその徳を明らかにしてこの道を万世に伝えよう。これこそ天が私に命じたことだろう。私を知っているのは天だけだろう」

亀井南溟《なんめい》はこれを、

「孔子は博学で、下は卑近のことにまでおよび（これを下学という）、上は道徳の奥まで到達している。これを上達という。これは天が命じてこの道を伝えさせているのだ。人がこれを知らなくてもとがめず、天が好運を与えてくれなくてもうらまず、孔子は天命に安んじている。天でなければ孔子を理解できないし、孔子でなければ天を理解できない。孔子は天を知る。ゆえに天もまた孔子を知るのだ」

と解説している。名解である。

12

孔子流の最高の〝自己実現〟法

【衛霊公《えいれいこう》・季氏《きし》・陽貨《ようか》・子張《しちょう》篇】

1 名家老・史魚《しぎよ》の"人心収攬《しゆうらん》"術

子曰《しいわ》く、直《ちよく》なるかな、史魚《しぎよ》。邦《くに》、道あるも矢のごとく、邦《くに》、道なきも矢のごとし。君子《くんし》なるかな、蘧伯玉《きよはくぎよく》。邦《くに》、道あれば則《すなわ》ち仕《つか》え、邦《くに》、道なければ則ち巻きてこれを懐《ふところ》にすべし。〔衛霊公〕

孔子は史魚と蘧伯玉を評してこう言っている。

「史魚は真っ直ぐだな。国家に道があるときも、ないときも矢のようだ。蘧伯玉は国家に道があるときは仕えて、道がないときは巻き込んで隠しておくことができる」

史魚は直《ちよく》、伯玉は君子だとほめている。

史魚も蘧伯玉とともに衛の国の家老で、詳しい説明は『孔子家語《けご》』にある。

「衛の蘧伯玉は賢者なのに霊公は気に入らず、弥子瑕《びしか》というつまらぬ人間を重用した。史魚はしばしば諫言したが霊公は聞かず、史魚は病気でたおれた。史魚は息子に、『私は蘧伯玉を推挙できず、弥子瑕を退けることができなかった。家臣として生きて君主を正すことができなかった。私が死んだら葬式を行なわずに屍を窓の下におけ』

と命じた。霊公が弔問にやって来て、そのわけを尋ねた。息子は父の遺言を霊公に告げると、霊公は驚いて、

『私の誤りだった』

と嘆いた。そして蘧伯玉をすぐ登用して、弥子瑕を退けた」

孔子はこれを聞いて言った。

「いまだ史魚のように死んで諫言して君主を動かした者はいない。まさに直そのものだ」

わが国では、織田信長が自由奔放、傍若無人で行ないが修まらなかった。信長が十六歳の春、清洲《きよす》城主で父である信秀が没し、その葬儀のときのエピソードはあまりにも有名である。喪主と定められたにもかかわらず早朝から鷹狩りに出かけ、遅れて戻ってくるなり父の霊前に進み出て、位牌に向かって抹香を投げつけたというのである。その姿を見た人々が「大うつけ」とささやき合ったというのもうなずける。

家老の平手《ひらて》政秀《まさひで》はしばしば諫言したが聞き入れないので、

「主君がもし私の言を入れ給えば死んでも思い残しはない」

と遺書を残して自刃した。信長はこれを見て感泣して、これ以後深く自省したという。のちに寺を清洲に建てて政秀寺とした。これがわが国の有名な死諫《しかん》である。

昔から諫言というものは君主が聞き入れないもので、そのため平重盛の父清盛への諫言、楠木正成の後醍醐天皇への進言など退けられて後世に悔いを残した。

2 人生大事な節目に〝呼吸の取り方〟を誤るな

子《し》曰《いわ》く、与《とも》に言うべくしてこれと言わざれば、人を失う。与《とも》に言うべからずしてこれと言えば、言《こと》を失う。知者は人を失わず、また言を失わず。〔衛霊公〕

ともに語るべき人であれば、これと語り合わなければならない。そうしなければ語るべき人を失う。また、ともに語るべきでない人とは語ってはいけない。それは言葉をむだにするだけだ。人を失い、言葉を失うのは、みな自分が無知だからだ。

賢い人はよく人を見、言うべき人には言い、語ってはいけない人には語らない。だから人を失うことなく、また言葉を失うことがない。要は人と接するには、まずその人を知ることだ。これは実に生活に必要な教訓である。この呼吸を知らないと益友を失い、損友を増やす。

幕末の攘夷説が盛んなとき、薩長が反目して、朝廷は長州を、幕府は薩州を味方につけようとした。土佐の坂本龍馬はこれを心配し、薩摩の西郷吉之助（隆盛）・大久保一蔵（利通）を説得して、長州の桂小五郎（木戸孝允）に会わせ、その垣根を取り払って提携させた。それ以来勤王倒幕の勢力が強まり、回天の大業を成し遂げたのである。

もし坂本の根回しがなかったら、雄藩同士が互いに憎み合い、どんな事態に陥ったかわからない。つまり坂本龍馬の言は人を失わず、言葉を失わなかったものといえる。

3　一日の計はまさに〝鶏鳴《けいめい》〟にあり

子《し》曰《いわ》く、遠き慮《おもんぱか》りなければ、必ず近き憂《うれ》いあり。〔衛霊公〕

この項の教訓は、一個人にも一家にも一国にも通じる必要なことである。目前のことだけに気を取られて、遠い先のことを考えず、今日のことだけにあくせくして、将来の計画をおろそかにすれば、必ず身近で心配事が起きる。

人々も国家も、長期展望に立って、物質的には勤勉・貯蓄・保険・衛生、精神的には教育・修身・安心・信仰を計画的に実践しなければならない。

一日の計は鶏鳴《けいめい》にあり。一生の計は少年にあり。

4 自分に"甘い"から他人の欠点だけが目立ってくる

子《し》曰《いわ》く、躬《み》自《みずか》ら厚くして薄《うす》く人を責《せ》むれば、則《すなわ》ち怨《うら》みに遠ざかる。

〔衛霊公〕

自分を厳しく責めて不徳を反省し、他人に対しては責めることを控え目にし、一善あるいは一長あればよしとして多くを求めない。そうすれば、人にうらまれることはないし、逆に人をうらむ気持ちが湧いてくることもないだろう。また、自分の行ないも道を踏まえた正しいものになる。

家内の和合も、友人との交際も、深く自分を責めて人をあまり責めなければ、和気あいあいと円滑に物事が行なわれてゆく。

したがって、この項の教訓は一身の処世法として、いまの世の中にも十分通用する。いや、いまの世はこの教訓をもっともっと広める必要がある。

自分のことは棚に上げておいて、やたら他人を非難痛罵《つうば》する連中が多い。他人の短所を公然と非難しながら、自分が同じことをやっている人も少なくない。これらはみな自分を責めること薄く、人を責めること厚い者である。

わが身をつねって人の痛さを知り、仁の心で人に接するようにすれば、物事はなんでもうまくいくようになるものである。

5　すべて自分のことと考えれば問題はおのずから解決する

子《し》曰《いわ》く、君子《くんし》はこれを己《おのれ》に求め、小人《しょうじん》はこれを人に求む。［衛霊公］

孔子が［憲問篇］で「古《いにし》えの学者は己がためにし、今の学者は人のためにす」と述べているのに通じる。

君子は自分を責めることが深く、すべてこれを反省する。こうして徳を日々に積んで自分を磨いてゆく。

小人はこれに反し、これを他人に求めて自分で反省しない。だから自分に得るものなく、いたずらに人をうらむようになる。

6 孔子流の人材登用・抜擢法

子《し》曰《いわ》く、君子《くんし》は言《こと》を以《もつ》て人を挙《あ》げず。人を以《もつ》て言《こと》を廃《す》てず。〔衛霊公〕

小人であっても、善言を言うことがあり、善言を言う人が必ずしも徳があるとは限らない。だから、言葉だけで人を登用したりしてはならない。

帝国大学を卒業し、高等試験に及第して高等官になった人でも、心ばえが悪く、道徳心なく、収賄《しゅうわい》したり盗みをする人さえいる。

言葉や文章だけで人を抜擢すると、こういうことになる。

その言葉に聴くべきものがあれば、その人に身分や徳がないからといって退けてはならない。吉備真備《きびのまきび》は中国に留学してその文武制度をもち帰り、日本の文明を開いた。また漢字を略して国字五十音をつくり、漢字を訳してその発音を伝えて子どもにも理解させた。その文化の功たるや菅原道真《みちざね》にまさるとも劣るものではない。

それなのに道真は神社に祭られ、真備の名は無名である。これは当時、横暴をきわめた悪僧弓削道鏡《ゆげのどうきょう》を、真備が大臣の職にありながらこれを排斥できなかったことで真備の功績が帳消しとなったのである。

これは「人をもって言を廃《す》てる」悪例であり、とても正しい公論といえない。

7　一日の〝こめ〟よりはるかに大事なものがあることを忘れるな

子《し》貢《こう》問《と》うて曰《いわ》く、一言《げん》にして以《もっ》て終身これを行《おこな》うべき者ありやと。子《し》曰《いわ》く、それ恕《じょ》か。己《おのれ》の欲せざる所は、人に施《ほどこ》すことなかれ。〔衛霊公〕

子貢は聡明でどんなことにも通じていたが、しいてあげれば欠点は忠恕《ちゅうじょ》の一徳だけだといわれた。

子貢がはじめて孔子に会ったとき、

「一言だけで一生行なってゆくべきだといえるものがありますか」

と問うた。孔子は、

「それは恕《じょ》である」

と答えた。そして子貢がまだ初学者だったので、「恕」を平たく説いて、自分のしてほしくないことは、人にしてはならないと言ったのである。

忠恕とは仁である。仁は一身にあっては生涯これを行ない、一国にあっては日常的にこれを行なうべき道である。やさしくいえば、人民の衣食住を安定する道だ。

己《おのれ》の欲せざるところは人に施すことなかれということは、裏返せば、己の欲するところは人に施せということになり、このように解釈すれば、西洋流の積極的道徳の意味と一致する。

8　飛ぶ鳥に気を取られて背後の空の重大さを見落としていないか

子《し》曰《いわ》く、巧言《こうげん》は徳を乱《みだ》る。小《しょう》、忍びざれば則《すなわ》ち大謀《たいぼう》を乱る。［衛霊公］

孔子は、

「うまい言葉は徳を害し、小さいことを我慢できないと大きな計画をつぶしてしまう」

と説いている。この項は似て非なるものの害を教えている。

乱というのは、人を惑わせ乱してその非を悟らないことをいう。小、忍びざる、は仁と勇に似ているが、似て非なるものである。

延元元年五月、足利尊氏が九州から七千余艘を率い、直義《ただよし》が歩騎二十万の将として京都に向かって水陸から進攻した。守る側の大井田氏経《うじつね》と脇屋義助が福山城（備後）で敗れ、新田義貞は播磨の囲みをといて退いて兵庫に布陣した。

この報を聞いて楠木正成は、

「義貞を呼び戻し、天皇は叡山《えいざん》に避難し、敵を京都に入らせる。そして総力を結集して水路をふさぎ糧道を絶ち、敵の疲れをまって一挙に打ち破ろう」

と天皇に奉上した。ところが、参議の藤原清忠《きよただ》が反対した。

「いま賊軍は一時の勢いはない。そして義貞はまだ賊と戦っていない。陛下が急に京都を捨てられると味方の士気にかかわる。いますぐ、すみやかに正成を前線に派遣し都の外で戦わせよ」

清忠の言葉は正論らしく聞こえる。しかし、その実は敵をあなどり、実勢を把握しておらず、不忠の意思がまったくなかったとしても、戦略を知らない未熟者の発言にすぎない。ところが天皇はその言に従い、ついに大敗して尊氏の天下となってしまった。これは清忠の巧言が天皇を惑わしたのである。

「巧言令色鮮《すくな》いかな仁」、「剛毅《ごうき》木訥《ぼくとつ》仁に近し」、多言饒舌《じょうぜつ》の人は信用しがたいものである。「君子は言に訥《とつ》して、行ないに敏《びん》ならんことを欲す」、「大事の前の小事」、「堪忍《かんにん》は無事長久の基《もとい》」、「目前の欲が強ければ大利を失う」、「小利を見れば大事成らず」などの金言は、すべてこの項の教えと一致しているからである。

9 過ちをどうフォロー、リカバーするかで人の値打ちは決まる

子《し》曰《いわ》く、過《あやま》って改《あらた》めざる、これを過《あやま》ちという。［衛霊公］

人間、誰でも過ちはあるものだ。過ちに気がついてこれを改めることができれば、これはもう過ちではない。過ちをごまかして改めないことを、真の過ちという。そしてその過ちのもたらす災害を受ける。

この項は過ちをごまかす悪習を戒め、「子《し》罕《かん》篇」の「過っては則ち改むるに憚《はばか》ること勿《なか》れ」（過ちがあれば、素直に認めてすぐさま訂正することだ）の意味をさらに厳しくいったものだ。

仏道では懺悔《ざんげ》を成仏《じょうぶつ》の法とし、神道では「みそぎ」の法がある。それで罪科や汚れを祓《はら》い去

るのである。いずれも悔悟《かいご》・改心を期待しているのだ。

過ちをさっさと改めるのを君子の道という。青年諸君に深く心がけてもらいたいのは、この君子の道である。

10　孔子の〝最高の自己実現法〟

子《し》曰《いわ》く、辞《ことば》は達して已《や》む。〔衛霊公〕

自分の気持ちを他の人に知らせようとするには、言葉に頼らなければならない。だから、言葉はその意味が正しく人に通じればよいのである。もし、言葉が足らず、意味が明らかにならなければ、「達」といえない。

言葉を飾ってはなやかにしても益はない。益がないどころか、かえってその意味が不明になることが多い。だから、これを戒めたのである。訥弁《とつべん》も困るが、おしゃべりもよくない。多弁は失敗が多い。言葉を文章に写せば達意できる。

漢魏《かんぎ》六朝から唐になって、美辞麗句の傾向がはなはだしかったが、韓退之《かんたいし》（唐宋八大家のひとり）が出て、素朴な散文で文章を一変した。韓退之の文はこの項の一語から出発したようだ。項羽《こうう》が「書は姓名を記せば足る」と言っているが、この項に暗合するところがある。簡潔な言葉こそ大切である。

11 善友は助け合って成功し、悪友は誘い合って堕落する

孔子《こうし》曰《いわ》く、益者《えきしゃ》三友、損者《そんしゃ》三友、直《ちょく》を友とし、諒《りょう》を友とし、多聞《たぶん》を友とするは、益なり。便辟《べんぺき》を友とし、善柔《ぜんじゅう》を友とし、便佞《べんねい》を友とするは、損なり。［季氏］

孔子は、有益な友人が三種、有害な友人が三種ある——それは、正直な友、誠実な友、物知りな友が有益であり、有害なのが、お調子者、うわべを飾る者、口達者な者である、といった。友に損益二種あるから、益友を選び損友から遠ざかるべきことを説いている。

また孔子は、「三人行けば、必ず我が師あり」［述而篇《じゅつじ》］、「友を以て仁を輔《たす》く」［顔淵篇《がんえん》］と説いているので、各章を参照するとよい。善友は助け合って成功し、悪友は誘い合って堕落す

る。

吉田松陰は、「徳を成し材を達するは、師恩友益多きにおる。ゆえに君子は交遊を慎しむ」と教えている。

12 人間の「上等・中等・下等」はこれで決まる

孔子《こうし》曰《いわ》く、生《うま》れながらにしてこれを知る者は、上《じょう》なり。学びてこれを知る者は、次《つぎ》なり。困《くる》しみてこれを学ぶは、またその次なり。困しみて学ばざる、民《たみ》これを下《しも》となす。［季氏］

孔子は、「生まれつきの物知りは一番上で、学んで知るのが二番目。行き詰まって学ぶのがその次で、どういう状態でも学ぼうとしないのが最下等である」と言った。

『中庸』に「生まれながらにしてこれを知る。あるいは学んでこれを知る。あるいは困ってこれを知る。これを知ることは一つである。また安んじてこれを行ない、あるいは利してこれを行ない、あるいは努力してこれを行なう。その功を成すことは一つである」と説いてある。

生・知・安・行は聖人の分について言っているが、聖人といえども学習せずに、物事の理を知得したのではない。ただ聡明で一を聞けば十を知り、良心を曇らせないことで、ふつうの人よりすぐれているだけだ。

現代は諸種の学校設備があり、人おのおの知識のレベルに従って教育が受けられる。自分の才知に見切りをつけず努力して、最下等の愚民にならないようにしたい。

13 自分の〝内と外〟を磨く九つの急所

孔子《こうし》曰《いわ》く、君子《くんし》に九つの思いあり。視《み》るには明《めい》を思い、聴《き》くには聡《そう》を思い、色は温《おん》を思い、貌《かたち》は恭《きょう》を思い、言《こと》は忠《ちゅう》を思い、事《こと》は敬《けい》を思い、疑《うたがい》は問うを思い、忿《いかり》は難《かた》きを思い、得るを見ては義《ぎ》を思う。［季氏］

思いとは思慮分別である。君子の自省すべき項目を説いている。物には法則があり、天地間のことはみな天の法則に従う。君子は天の法則を思慮して、無理のないように行動する。

その項目は九つある。①視るときにははっきり見たいと思い、②聴くときには細かく聞き取ろうと思う。これは私欲や外物に邪魔されず、事物の真相・実体をつかもうと思っているからだ。

また、③自分の顔色を温和にしようと思い、④姿形はうやうやしくなろうと思い、⑤言語は誠実であろうと思う。これは自分の内面を磨いて、外に表われるものを美しくしようと思っているからだ。

また、⑥仕事をするには慎重にして、軽率にならないことを思い、⑦疑問があれば先生や友人に問うて、正しい解決をしようと思うことである。⑧怒りが生じたら、その一念がわれを忘れさせ、その結果への非難が父母にまで及ぶことを考え、⑨利益を獲得するときには、それが義にかなった手段・方法で得ようとしているものかどうかを考えて、取るべきは取り、取ってはいけないものは取らない。

君子はこのように、すべての物事を慎重に思慮して、気を抜いてはならない。以上が君子が四六時中思慮すべき項目で、われわれもぜひとも学びたい教えである。

14　一家をととのえられない人に人や組織は動かせない

子曰《しいわ》く、ただ女子と小人《しょうじん》とは、養《やしな》い難《がた》しとなすなり。これを近づくれば、則《すなわ》ち不孫《ふそん》。これを遠ざくれば則《すなわ》ち怨《うら》む。［陽貨］

国や家がよく治まるか否かは、家臣や使用人が喜んで働くか否かによる。使用人が主人の命令に敬服するのは、その主人の徳行や恩恵によるものである。

夫唱婦随、妻子がまず従い、使用人たちが敬服する。和気あいあいとして家運が盛んになる。女子と小人とは養いがたいとはいうけれども、これを養うのに道をもってすれば、親しく近づけても不孫（＝不遜）にならず、遠ざけてもうらんだりしない。

いまは昔と違って万民平等男女同一の権利をもち、職業に上下の差があっても、人権に高下の区別はない。

複雑な一家をよくととのえていける人ならば、団体や会社をうまく運営していける。団体や会社をうまく運営できる人ならば、国でもうまく治められる。一家をととのえるのに女性の力が必要であるように、一国を治めるにも女性の力を必要とするときが必ずやってくる。

進取の人・孔子の女性観

古来国を治めるのは男子の仕事としてきたが、元来社会は、男女が相協力して組織するものであるから、その一方だけに政治を任せてはいけない。また数においても男女がほとんど同数なのに、その一方だけに政治を任せてよい理由はない。いまは女性も男性も同じ教育を受け、女性の知能も相応に啓発されている。いつまでも女性を政治上の仲間外れにはしておけない。

男女相携えてその住む国を運営するのは、ちょうど両性唱和して一家をととのえるのと同じだ。男性に限られる職業もあるが、紡績・郵便・電信・計算・看護のように女性にふさわしい職業も多い。緻密さは女子の長所として、果敢さは男子の長所として、互いにその長所を分担すれば能率が上がり、国家の利益は大きい。

「女性と小人とは養いがたし」というは、男尊女卑を原則として、女性に教育をさせない時代の誤った考えだ。いまや政治上も男女同権の実現が近づいてきたから、昔と同じ見方をしてはいけない。

孔子は「故《ふる》きを温《たず》ねて新しきを知る」の進取の主義をもつ人だから、もし孔子が現代に生まれていたら、必ずこう言ったと思う。

15 華《はな》も実もある"サムライ精神"を研ぐ砥石《といし》

子張曰《しちょういわ》く、士は危《あや》うきを見ては命《めい》を致《いた》し、得るを見ては義《ぎ》を思い、祭には敬を思い、喪《も》には哀《あい》を思う。それ可《か》なるのみ。〔子張〕

いやしくも士たる者は、人の危難を見たら、これを救うためにその身を投げ出し、逃げたりしない。また利を得ることがあれば、それが正義に合うかどうかを考えて決め、祭には敬をもって誠を尽くし、喪には哀しみをもって痛みをともにする。

この四つのことは、士たるものの守る道だ。これを全うする者こそ士と称することができる。〔憲問篇〕には「子路曰く、利を見て義を思い、危うきを見て命を授く。また以て成人となすべし」とあり、〔学而篇〕には「曾子曰《そうしいわ》く、終りを慎しみ遠きを追えば、民の徳厚きに帰す」とある。子路と曾子の言うところは、この子張の言うところとまったく同じである。

利を見て義を思い、危うきを見て命を授けるのは、わが武士道の中心思想である。応神天皇の時代に『論語』十巻が朝鮮の王仁《わに》によってわが国に伝えられてから日本流に消化されて、日本魂を培養する肥料となり、武士道を磨く砥石となった。

この項の金言は、本国の中国よりも、日本でよく発達したといえよう。

16 自分を不必要に〝粉飾〟してはならない

子夏《しか》曰《いわ》く、小人《しょうじん》の過《あやま》ちや、必ず文《かざ》る。［子張］

君子はその心が公明であって、もし過ちがあればこれを改むるに、やぶさかでない［学而篇］。これに反して小人は私心が多くて、外聞のため、あるいは利害のために、自分の過ちを知りながら、とりつくろい、自分を欺き人を欺く［衛霊公篇］。はなはだしいのは、改めないどころか、そのままその非をやり遂げようとする者さえいる。まことに見苦しいかぎりだ。

吉田松陰は、「士の行ないは質実にして欺かざるを以て要となし、巧詐《こうさ》にして過ちを飾るを以て恥となす。公明正大は、みなこれより出づ」と言っている。

17　孔子流〝敵を味方につける〟最高の法

子夏曰《しかいわ》く、君子《くんし》は信《しん》ぜられてしかるのちその民《たみ》を労《ろう》す。未《いま》だ信ぜられざれば、則《すなわ》ち以《もっ》て己《おのれ》を厲《やま》すとなすなり。信ぜられてしかるのち諫《いさ》む。未だ信ぜられざれば、則ち己《おのれ》を謗《そし》るとなすなり。[子張]

この項は君子が下の者を使い、上につかえる道を論じている。まず下の者を使う道は、人民に信用されることが先決だ。人民に信用されるには、誠意をもって政治を行なうことだ。誠意をもって政治を行なえば、人民は必ず喜んでついてくる。人民が喜んで従えば、労役を命じても苦情をいわず、喜んでその労役に服してくれる。

もし人民の信用を得ないうちに労役を命ずれば、人民は必ず自分たちを苦しめるといって拒む。人はもともと感情的なものだから、情意の疎《そ》通《つう》が第一だ。情意の疎通ができる間柄になれば、少々無理なことでも互いに笑って我慢し合えるが、もしこれを欠いておれば、何事にも反感をもたれる。

天正十五年、秀吉が富山城主の佐々《さっさ》成政《なりまさ》を肥後の大守にした。成政は肥後に移って日が浅く、人民がまだ心服しないうちに苛酷な政治を行なった。反乱が方々で起こり、十六年四月についに領地を取り上げられた。

十八年四月、秀吉は北条氏直を倒して家康に関東八州を与えた。関東八州は北条氏五代の旧領地だから秀吉は「八州の人民は、新領主の家康を嫌って追い出すだろう」と予測した。ところが家康は、まず人民を愛撫し信頼させてしまい、後年幕府を開く基礎を築いてしまった。人民が服するも服せざるも信の一字である。

次に上につかえる道は、つねに誠意をもって君に忠勤することだ。こうすれば君主は必ず信用してくれる。こうなってはじめて、諫言しても聞き届けられる。もしまだ君主の信用がないうちに諫言するようなことがあれば、それが道理のあることでも、誹謗《ひぼう》ととられてしまう。

大久保彦左衛門が将軍家光に直諫して辻斬りを止めさせたのは、平素の信用の厚さによる。寺社奉行板倉勝静が井伊大老に、頼三樹三郎ら勤王の士を斬ってはいけないと諫言して退けられたのは、正しい諫言であっても、平素の交わりがなく、色目鏡をもって見られたからだ。

解説

巨人・渋沢栄一の原点となった〝孔子の人生訓〟

竹内　均

この『「論語」の読み方』は、渋沢栄一の畢生の大著『論語講義』のエッセンスを集大成したものである。以前、三笠書房から『孔子　人間、どこまで大きくなれるか』と『孔子　人間、一生の心得』の二冊で出版されたが、今回これを再編成して、広く世に問うものである。

渋沢栄一は、一八四〇（天保一一）年に、現在の埼玉県深谷市大字血洗島《ちあらいじま》の豪農に生まれ、年少の頃から商才を発揮した。そのうえ少年時代から本好きで『論語』との出会いもこの頃であった。

幕末の動乱期には尊王攘夷論に傾倒したが、後に京都へ出て一橋（徳川）家の慶喜に仕えた。一八六六（慶応二）年、弟の昭武に従って渡欧せよとの命令が慶喜から下った。翌年から約二年間をかけて欧州各地を視察し、資本主義文明を学んだ。このときの見聞によって得た産業・商業・金融に関する知識は、彼が後に資本主義の指導者として日本の近代化を推し進めるのに大いに役立った。

帰国後は大隈重信の説得で明治新政府に移り、大蔵省租税正《そぜいのかみ》、大蔵大丞《だいじょう》を歴任した。一八七三（明治六）年に大蔵省を辞してから実業に専念し、第一国立銀行（第一勧業銀行の前身）の創設をはじめ、七十歳で実業界から退くまで五百あまりの会社を設立し、資本主義的経営の確立に大いに貢献するとともに、ビジネスマンの地位の向上と発展に努めた。

晩年は社会・教育・文化事業に力を注ぎ、大学や病院の設立など、各種社会事業に広く関係した。

渋沢栄一が講義している『論語』は、孔子とその弟子の言行や、孔子と弟子や時人との問答を記録したものであり、孔子が亡くなってから収録・編集されたものである。

孔子は紀元前五五一年、魯国（現在の山東省曲阜《きょくふ》の近く）の武将の家に生まれた。孔子は魯国の王室を強化するためのさまざまな努力をしたが失敗し、弟子たちとともに亡命の旅に出た。十四年にわたる流浪の旅から帰った孔子は、青年たちの教育に力を注ぐとともに、儒教の経典と呼ばれる古記録の整理も行なった。亡くなったのは紀元前四七九年で、孔子七十二歳のときである。

孔子自身、「怪・力・乱・神を語らず」と言っていることからもうかがわれるように、孔子に始まる儒教には宗教的色彩がない。実際、渋沢栄一も儒教を宗教とは考えていない。儒教は倫理学といってもよいものであり、さればこそ、その一派である朱子学が江戸時代を通じて徳川幕府の官学となったといってもよい。幕末に生まれた渋沢が幼い頃から『論語』に親しんだのもこのためである。

この『論語』が、なにゆえ渋沢の行動規準となり得たのであろうか。渋沢自身の言葉を借りれば、次のようなことである。

「『論語』は、『大学』『中庸』と違って一言一句がすべて実際の日常生活に応用がきく。読めばすぐに実行できるような基本の道理を説いている。これが私が儒教のうちでも特に『論語』を選んで、これを守り実践しようとする理由である」

このようにして、『論語』は渋沢の座右の書となり、人生の指南書となった。

ちょっと考えると、渋沢が関係した経済や事業と『論語』とはまるで関係のないもののように思われる。しかし、彼によればそうではない。そのことがこの本の中で「これでもか、これでもか」といった具合に語られている。さらに渋沢は次のように説く。

「私が実業界に身を委ねるようになったのは、国力を充実させ、国を富ませるためには、まず農工商、なかでも商工業を盛んにしなければならないと考えていたからである。そこで資本を集めて各種の会社組織創設に尽力したのである。

そこで、会社をうまく経営するにあたって、いちばん必要な要素は会社を切り回す人材である。人材が得られないならば結局その会社は必ず失敗する。そこで私は、この銀行や各種会社の経営を成功させるためには、実際の運営に当たる人に、事業上だけでなく一個人として守り行なうべき規範・規準がなくてはならないと考えたのである。

このように考えるとき、日常の心得を具体的に説いた『論語』は、その規準にうってつけで、どう判断してよいか悩むときには『論語』のものさしに照らせば、絶対間違いないと確信しているのである」

このように渋沢が興味をもった孔子の教えは、政治や哲学とかかわるものではなく、経済に代表される人間の日々の行為の規準となるものであった。そういう意味の孔子の教えとしては、『論語』に記されたものが最適であり、さればこそ渋沢は『論語』に熱中したのである。

渋沢の選択は適切だったといってよい。キリスト教や仏教ではそれぞれ神および仏のような超越者を必要とする。これに対する儒教でも聖人が出てくるけれども、それは超越者ではなくて、人間である。その儒教のテキストの中から、政治や哲学とは縁遠い『論語』を選んだのであるから、その選択は最適であった。つまり『論語』は、倫理学あるいは実学に最適のテキストなのである。

富を得ようとするには、正しい方法でしなければならないと説く点では倫理学であり、道を外れた方法で富を得ても長続きせず、正しい方法でなら富を求めるのも大いに結構であるとする点で、立派な実学である。渋沢栄一がよく言う「『論語』と算盤（そろばん）は一致する」というのもこのことを指しているのである。

本書は小社より刊行した『孔子 人間、一生の心得』『孔子 人間、どこまで大きくなれるか』を再編集の上、改題したものです。

渋沢栄一《しぶさわえいいち》「論語《ろんご》」の読《よ》み方《かた》

原著者――渋沢栄一（しぶさわ・えいいち）
編・解説者―竹内　均（たけうち・ひとし）
発行者――押鐘太陽
発行所――株式会社三笠書房
〒102-0072 東京都千代田区飯田橋3-3-1
電話：(03)5226-5734（営業部）
：(03)5226-5731（編集部）
http://www.mikasashobo.co.jp
印　刷――誠宏印刷
製　本――若林製本工場

ISBN978-4-8379-2120-2　C0030

今こそすべての日本人に読んでほしい本

武士道

サムライはなぜ、
これほど強い精神力をもてたのか？

Bu-shi-do means literally Military-Knight-Ways-
the ways which fighting nobles should observe
in their daily life as well as in their vocation ;
in a word, the "Precepts of Knighthood,"
the noblesse oblige of the warrior class.

新渡戸稲造【著】

奈良本辰也［訳・解説］

三笠書房

大ベストセラー『国家の品格』著者

お茶の水女子大教授

藤原正彦先生 推薦

「武士道」とは、ハラキリや戦争とは無縁のものである。国にも個人にも「背骨」が必要だ。この本には、日本再生のヒント、いや、世界再生のヒント、指針が随所に示されている。

●なぜ海外でこれほどまでに読み続けられるのか！

——日本人の精神の基盤は武士道にあり！

武士道の光り輝く最高の支柱である「義」、人の上に立つための「仁」、試練に耐えるための「名誉」——本書は、強靭な精神力を生んだ武士道の本質を見事に解き明かしている。武士は何を学び、どう己を磨いたか、これを知ることはすべての現代人にとって重要である。英文で書かれ、欧米人に大反響を巻き起こした最高の名著を、奈良本辰也が平易な文体で新訳。

T10015